W0072400

rowohlts monographien
begründet von Kurt Kusenberg
herausgegeben
von Wolfgang Müller und Uwe Naumann

Ovid

mit Selbstzeugnissen
und Bilddokumenten
dargestellt von
Marion Giebel

Rowohlt

Dieser Band wurde eigens für «rowohlts monographien» geschrieben
Den Anhang besorgte die Autorin
Herausgeber: Wolfgang Müller
Redaktion: Uwe Naumann
Redaktionsassistenz: Katrin Finkemeier
Umschlaggestaltung: Walter Hellmann
Vorderseite: Ovid. Kupferstich, angeblich nach einem postumen Münzbild
(Archiv für Kunst und Geschichte, Berlin)
Rückseite: Apollo und Daphne. Porzellangruppe von Christian Gottfried Jüchtzer,
1786 (Porzellansammlung Dresden; Foto: Jürgen Karpinski, Dresden)

Veröffentlicht im Rowohlt Taschenbuch Verlag GmbH,
Reinbek bei Hamburg, September 1991
Copyright © 1991 by Rowohlt Taschenbuch Verlag GmbH,
Reinbek bei Hamburg
Alle Rechte an dieser Ausgabe vorbehalten
Satz Times (Linotronic 500)
Gesamtherstellung Clausen & Bosse, Leck
Printed in Germany
ISBN 3 499 50460 X

4. Auflage. 14.–16. Tausend Januar 1999

Inhalt

Ovid-Statue in Sulmona von Ettore Ferrari, 1887

Musendienst statt Staatsdienst

Als junger Mann der Liebling der Frauen, als Dichter gefeiert von ganz Rom, Klassiker bereits zu Lebzeiten – und dann der Sturz aus der Höhe des Glücks: Verbannung in ein Provinznest am Ende der Welt, ohne jemals begnadigt zu werden. Das ist das Leben des Publius Ovidius Naso.

In einem seiner Gedichte, an die Nachwelt gerichtet, schildert der Dichter seinen Werdegang. Geboren ist er in dem Jahr, *als beide Konsuln fielen*, 43 v. Chr., da mit der Schlacht von Mutina das Schicksal der römischen Republik besiegelt war. Er stammt aus Sulmo, heute Sulmona, einer Landstadt in den Abruzzen, etwa 180 Kilometer östlich von Rom. *Sulmo ist meine Heimat – Sulmo mihi patria est*: Die Buchstaben S. M. P. E. zieren heute noch das Wappen von Ovids Vaterstadt, die vom Dichterruhm ihres großen Mitbürgers zehrt. Ovids Eltern hatten ihren Sohn freilich nicht im Dienst der Musen sehen wollen. Sie schickten ihn nach Rom, zur Ausbildung als Redner und Politiker. Ovid sollte den cursus honorum, die Ämterlaufbahn, absolvieren und dann Senator werden. Seine Familie, die nicht zu den nobiles, den alten Adelsfamilien, sondern zum zweiten Stand, zur Ritterschaft, gehörte, wäre damit in den Amtsadel aufgerückt.

Aber es fügte von selbst das Gedicht sich zu passenden Maßen:
was ich zu schreiben begann, wurde von selber zum Vers.
Sponte sua carmen numeros veniebat ad aptos,
et quod temptabam scribere, versus erat.

Tristien IV 10, 25 f. Übers. Wilhelm Willige

So schreibt er selbst in diesem autobiographischen Gedicht (der einzigen Quelle, die uns über sein Leben Auskunft gibt). Ovid spürte schon in seiner Jugend, daß er zum Dichter berufen war: Statt Prosareden für Forum und Senat mußte er Verse schreiben[1]*; zum otium, zur Muße, hatten ihn die Musen berufen. Er trat damit in Gegensatz zur römischen Tradition, zu den mores maiorum, den Vätersitten.

Der Lebensbereich des Römers war das negotium, die Tätigkeit: im

---

* Die hochgestellten Ziffern verweisen auf die Anmerkungen S. 134f.

«Sulmo ist meine Heimat». Ausspruch Ovids am Denkmal in Sulmona

Staats- und Militärdienst, als Inhaber der öffentlichen Ämter, als Mitglied des Senats und Anwalt auf dem Forum. Otium war die freie Zeit, die noch übrig blieb, nachdem man seine Pflichten im Staatsleben und als Verwalter des Familienbesitzes erfüllt hatte. Da mochte man sich mit Literatur oder Philosophie beschäftigen als einer schönen Nebensache, der Bildung wegen. Mehr ziemte sich nicht für einen vir gravis, einen ernsthaften Römer. Cicero, obwohl bewährt als Konsul und Staatsmann, mußte sich wegen seiner Schriftstellerei ständig rechtfertigen und sie als ein negotium mit anderen Mitteln, als Beitrag zur Jugenderziehung und politischen Bildung, deklarieren.

Die ersten, die sich gegen diesen Rechtfertigungszwang auflehnten und damit die geheiligten Vätersitten in Frage stellten, waren die Neoteriker («Neutöner»), ein Dichterkreis um Catull (ca. 84–54 v. Chr.). Sie waren keine Gelegenheitsdichter, sondern eine Gruppe, die sich einem dichterischen Programm verschrieben hatte. Ihr Stilideal fanden sie in der alexandrinischen Dichtung des Hellenismus, deren hervorragendster Vertreter Kallimachos gewesen war, der Vorsteher der Bibliothek von Alexandria (ca. 310–240 v. Chr.). Er war der Typ des poeta doctus, der, gelehrt und geistreich, voller Anspielungen und Pointen, ausgefeilte kleine Werke für einen Kreis von Kennern schrieb. Preziöse Inhalte und kunstvoller Versbau zeichneten seine Dichtung aus. Die Neoteriker schulten sich an dieser feinziselierten Poesie und brachten in die lateinische Dichtersprache eine bis dahin unbekannte Feinheit, Brillanz und Geschmeidigkeit ein. Erst auf dieser Basis konnte Catull seine Lyrik schaffen, die uns heute spontan und subjektiv erscheint, wie seine berühmten Liebesgedichte an die schöne Clodia, eine skandalumwitterte Dame der römischen Gesellschaft.[2] Lesbia nennt er sie, nach der Dichterin Sappho von Lesbos, deren Leben der Poesie und der Liebe gewidmet war, so wie er es für sich und seine Geliebte sehnlich erstrebt. Catull entdeckt in der Liebe zu Lesbia eine neue, glückliche Form der privaten Existenz, die er gegen die Verfechter der Vätersitten verteidigt:

Vivamus, mea Lesbia, atque amemus
rumoresque senum severiorum
omnes unius aestimemus assis!
Leben, Lesbia, wollen wir und lieben!
Was sie schwatzen, die allzu strengen Alten,
Soll uns alles nicht einen Pfennig wert sein.

carmen 5. Übers. Werner Eisenhut

Catull lehnte die Ämterlaufbahn ab, nicht nur weil ihm die Diktatur Caesars keine Perspektive bot; er hätte auch die römische Republik zu ihren besten Zeiten abgelehnt, weil eben die gestrengen Greise, die Hüter der Vätersitten, es nie und nimmer gebilligt hätten, daß ein junger Mann von Stande lieber dichtete, als sich auf dem Forum oder im Legionslager die Sporen zu verdienen. Der Bürgerkrieg sprengte den Dichterkreis der Neoteriker auseinander, Catull starb früh. Das Bestreben der Poeten, das otium in Liebe und Dichtung als eigenständige Lebensform durchzusetzen, sollte jedoch nach dem Krieg von der nächsten Generation wieder aufgenommen werden.

Als Ovid nach Rom kam, wo er sich dann statt der vom Vater gewünschten Ämterlaufbahn den Musen widmete, lebten dort Vergil, Horaz, Tibull und Properz. Sie hatten ihre Lebenswahl getroffen, eine Karriere im Staatsdienst ausgeschlagen oder verlassen und lebten ganz ihrer Kunst. Die Zeitumstände hatten diesen Wandel begünstigt. 31 v. Chr. war in der Schlacht von Actium Octavian, der Adoptivsohn und Erbe Caesars, als Sieger aus den Bürgerkriegen nach Caesars Tod hervorgegangen.[3] Er hatte keine Diktatur nach dem Vorbild seines Adoptivvaters etabliert, sondern auf den Fundamenten der alten römischen Republik eine neue Staatsform, den Prinzipat, begründet. Als Princeps, Erster Mann des Staates, war er ein «Staatspräsident» mit weitreichenden Vollmachten, Oberbefehlshaber der Heere, der seine Stellung jedoch auf auctoritas statt auf potestas aufbaute, auf Autorität statt auf Machtfülle.[4] Mit dem Namen Augustus, der Erhabene, ausgezeichnet, konnte er sich auf den Konsens der Bürgerschaft stützen, da er auf der Basis seiner Staatsführung die Pax Augusta heraufführte, eine Epoche des Friedens, die im ganzen Reich die Wunden heilen ließ und einen wirtschaftlichen und kulturellen Aufschwung brachte, ein «goldenes Zeitalter» nach Jahrzehnten blutiger Kriege.

Die augusteische Zeit bot die Voraussetzungen für eine private Existenz. Man mußte nicht mehr zu den Fahnen eilen und Partei ergreifen im Dienste eines der Mächtigen. Die Umwälzungen der Bürgerkriegsjahrzehnte hatten auch einen geistigen Wandel mit sich gebracht, eine Emanzipation weiter Kreise von der strengen Norm der Vätersitten. Dies begann in der Familie. Emancipatio war der privatrechtliche Akt, durch den sich erwachsene Söhne und Töchter aus der patria potestas, der väterlichen Gewalt und Vormundschaft, befreien und Personen eigenen Rechts werden konnten.[5] Sie durften damit über ihren Vermögensanteil verfügen und gewannen mehr Sicherheit und Unabhängigkeit. So waren sie vielfach auch nicht mehr bereit, sich dem Diktat der Familienpolitik zu

Blick auf das Forum Romanum in Rom

Vergil und die Musen. Mosaik aus Hadrumetum, 3. Jh. n. Chr. Tunis, Bardo-Museum

beugen, der Sitte, durch passende Heiraten politische Bande zu knüpfen, um Ansehen und Einfluß der Sippe zu steigern.

Viele junge Männer zogen statt der standesgemäßen, von den Eltern arrangierten Heirat ein Leben ohne Ehe und Verpflichtungen für die Nachkommenschaft vor. Sie gingen eine Liaison mit einem hübschen Mädchen aus der hauptstädtischen demimonde ein, oft einer Freigelassenen, die aus dem griechischen Raum stammte und gebildet und kultiviert war. Die Mädchen aus diesen Kreisen wurden durch ihren Esprit und ihre Vorurteilslosigkeit in bezug auf die römischen Vätersitten zu den «Musen» der jungen römischen Dichter, die wie Catull leben, lieben und dichten wollten.

Cynthia nahm mich Armen als erste mit Blicken gefangen,
mich, den niemals zuvor Liebesbegierde berührt.

Augustus mit der Bürgerkrone. Erste Hälfte 1. Jh. n. Chr. Staatliche
Antikensammlungen und Glyptothek München

So läßt Properz (geb. um 50 v. Chr.) seine Liebesdichtung beginnen.
Cynthia nennt er seine Geliebte, nach dem Berg Cynthus auf Delos, der
Geburtsinsel des Musengottes Apollo. Properz nimmt mit diesem Huldi-
gungsnamen das Programm des Catull auf, ein Reich der Musen und der
Liebe zu begründen. Die Liebe, die nun alleiniges Thema des Dichters
wird, vertritt zugleich den privaten, von ihm verabsolutierten Lebensbe-

reich. Auch Tibull (ca. 55–19 v. Chr.) gibt seiner Geliebten einen musischen Namen. Delia heißt sie, nach Apollos Geburtsort Delos. Tibull lehnt ebenso wie Properz alle traditionellen Wertvorstellungen ab und trifft seine Lebenswahl: «Andere mögen sich Reichtümer anhäufen, ihren Besitz erweitern, in den Krieg ziehen und sich beständig abmühen, ich bin mit meinem bescheidenen Landhaus zufrieden, wo ich meine Geliebte im Arm halte und mit ihr im Herbst und Winter auf das Brausen des Sturms und das Rauschen des Regens höre. Mich verlangt es nicht nach Ruhm; bin ich nur bei meiner Geliebten, dann lasse ich mich gern träge und tatenlos schelten. Nur hier bin ich Krieger – um mein Mädchen zu erobern!»[6]

Tibull und Properz treten nicht nur für das otium als selbständige Lebensform ein, sie verfechten auch eine freie Themenwahl des Dichters. Noch meinten ja viele: Wenn es schon Dichter in Rom gab, dann sollten sie erhabene Epen im Stile Homers verfassen oder vaterländische Hymnen auf die Siege des Augustus. Für Properz aber ist sein individuelles Schicksal, als Dichter und als Liebender, das er im Mythos spiegelt und erhöht, ein Thema, das allen Heldengesängen vorzuziehen ist, zu denen

Sulmona, Ausgrabungsstätten

man ihn ermuntern will. Er ist sicher, auch nach dem Tode noch als «großer Dichter unserer Liebesglut»[7] von allen Liebenden geehrt zu werden. Der junge Mann aus Sulmo, der eine Karriere abgelehnt hatte, dem alles zum Vers wurde, was er schrieb – er fand hier bei den Liebesdichtern eine ihm gemäße Art der dichterischen Existenz. Auch er wollte leben, lieben und dichten. Nicht weil er mit den politischen Verhältnissen unzufrieden war: Wie hätte er als Achtzehnjähriger den beginnenden Prinzipat des Augustus negativ einschätzen sollen? Er war zwölf Jahre zur Zeit der Schlacht von Actium, alt genug, um zu wissen, was Krieg und Frieden bedeuteten. Außerdem gab es für ihn als Rittersohn aus der Provinz bessere Aufstiegschancen als je zuvor; Augustus förderte den Ritterstand, und es gab keine Diskriminierungen mehr wie zu Zeiten Ciceros. Ovid sah vielmehr – wie Tibull und Properz – in der neuen, gesicherten Friedenszeit die Chance, als Dichter zu leben und Werke im Rang der Griechen zu verfassen, keine Feierabendpoesie, sondern Kunst, die den ganzen Menschen forderte. Horaz und Vergil hatten die Bahn beschritten, und Tibull und Properz waren dabei, neues Terrain zu erobern, indem sie private Themen wie die Liebe «literaturfähig» machten. Hier fand Ovid seinen Platz, und als Erbe des väterlichen Vermögens und der Ländereien in Sulmo verfügte er über zwar nicht üppige, aber doch ausreichende Existenzmittel für ein Leben als römischer Poet.

Der Triumphzug Amors

Amores nennt Ovid sein erstes Werk, eine Sammlung von Liebeselegien. Seit Properz und Tibull war die Elegie die typische Versform für die Liebesdichtung.[8] Sie besteht aus Distichen: Zweizeilern aus jeweils einem Hexameter und einem Pentameter (sechs bzw. fünf Metren). Obwohl die Elegie ursprünglich als ein Klagelied gilt («elegisch»[9]), gibt es in der griechischen Literatur Gedichte höchst verschiedenen Inhalts im elegischen Versmaß, wie die Kampflieder des Kallinos und Tyrtaios, die politischen Gedichte Solons sowie Liebeslyrik und Lieder zum Gastmahl. Allgemein läßt sich sagen, daß es in der Elegie um eine Auseinandersetzung des Geistes mit dem Pathos geht, der Gefühlswelt. Dies vollzieht sich in einzelnen, durch das Distichon vorgegebenen Schritten. Der Fluß des Gedankens wird durch die Zäsur des Pentameters – das Zusammenstoßen zweier betonter Silben in der Mitte – gleichsam aufgestaut, bevor er wieder zurückflutet. Der Inhalt des Pentameters kann dem des Hexameters widersprechen und dem Distichon eine pointierte, ja paradoxe Aussage verleihen, wie es im Epigramm, der selbständigen Form des Distichons, oft der Fall ist. Vielfach erfolgt in der Zäsur aber auch ein kunstvolles Weiterleiten des Gedankens, das «geheime Atemholen der Muse» (Heinrich Heine). Ein Beispiel für eine gegensätzliche Aussage bietet folgendes Distichon des Tibull[10]:

Trotzig war ich und prahlte, ich könne die Trennung ertragen.
    Jetzt aber, ach wie fern / liegt mir die Ruhmredigkeit.

Das Weiterleiten des Gedankens, hier gleichsam ein letztes Verhauchen, findet sich bei Tibull im Geständnis seiner Liebe zu Delia:

Te spectem, suprema mihi cum venerit hora,
    te teneam moriens / deficiente manu.
Dich will ich schauen, wenn einst meine letzte Stunde gekommen,
    Dich will ich halten im Tod, / wenn schon ermattet die Hand.

Ovids Heldin heißt Corinna, nach einer griechischen Dichterin aus Böotien (um 500 v. Chr.). Auch sie hat, wie die Cynthia des Properz und Tibulls Delia, jenes Flair, das die *castae puellae*, die sittsamen Mädchen

Flötenspielerin. Seitenplatte vom Ludovisischen Thron, griechisches Original um 460 v. Chr., gefunden in den Gärten des Sallust in Rom. Museo Nazionale, Rom

aus Roms guter Gesellschaft, nicht hatten (oder nicht haben durften). Wie seine Dichterkollegen stellt sich auch Ovid dem Publikum vor und begründet seine Lebenswahl als Verfasser von Liebeselegien:

Arma gravi numero violentaque bella parabam
  edere, materia conveniente modis.
Waffen in wuchtigem Takt und blutige Schlachten zu künden
  Schickt' ich mich an, und dem Stoff sollte sich fügen die Form.
Amores I 1,1 f. Übers. Walter Marg

Arma gravi numero – Arma virumque cano: Der Gleichklang mit dem Eingangsvers der Aeneis («Waffen besinge ich und den Mann») ist nicht zu überhören. Auch ich, sagt Ovid, wollte wie Vergil als Ependichter auf Homers Spuren wandeln, aber da hat Amor gelacht und mir einen Versfuß gestohlen. So wurde der Hexameter zum Pentameter – und Ovid zum Dichter von Liebeselegien. Vergebens hat er protestiert, er habe ja gar nicht den geeigneten Stoff: Amor zog einen Pfeil aus dem Köcher und schoß, und sogleich fühlt sich der Dichter in Liebesglut brennen. Mit diesem Eingangsgedicht zeigt sich Ovid als Mitglied der Elegikerzunft, hebt sich aber zugleich von seinen Vorgängern ab.[11] Bei ihm gibt es weder eine große Passion, wie bei Properz, noch eine Idylle, wie bei Tibull, nichts über eine Geliebte, es geht um die Dichtung. Seine Muse wird sich nicht mit dem Lorbeerkranz des Heldengesangs krönen, sondern mit der Myrte, die der Venus gehört. Sie ist als Mutter des Aeneas die Ahnherrin der Römer. Doch Ovid will sie nicht als Heldenmutter den Dichtern *des wuchtigen Taktes und blutiger Schlachten* überlassen. Sie soll als Göttin

Triumphfahrt Amors. Mosaik aus Ostia, kaiserzeitlich

Kauernde Venus, ihre Haare trocknend. Um 100 v. Chr. Museum von Rhodos

der Liebe und der zarten Gefühle auch Schirmherrin seines Roms sein, in dem er als *Dichter zärtlicher Amouren* lebt.[12]

Im nächsten Gedicht bekennt sich Ovid als Gefangener des Liebesgottes. Amor feiert seinen Triumph über ihn und zieht einer wie der siegreiche römische Feldherr, gefolgt von einem Zug von Gefangenen, jungen Männern und Mädchen, dahinter mit gefesselten Händen Pudor und Bona Mens, der Anstand und die Vernunft. Die gefällige Darstellung von «Amors Triumphzug» in der späteren Kunst läßt vergessen, daß diese Idee eine Kühnheit war. Der Triumphator, der zum Tempel des Jupiter hinaufzog, war der höchste Repräsentant des römischen Staates, zu Ovids

Zeit der Princeps selbst. Und hier zieht der Knabe Amor einher, mit Roms Jugend im Gefolge, und Anstand und Sitte müssen überwunden und gefesselt, wie die feindlichen Heerführer, hinterdrein gehen. Da jeder Leser an das «Original», den römischen Triumphzug, dachte, tut es der Dichter auch:

Zum Schluß bittet er Amor, ihn zu schonen, da er sich ihm ergeben habe. Amor solle sich seinen Verwandten, den Caesar, zum Vorbild nehmen – auch er schont die Besiegten! Als Angehöriger der Julier-Familie leitete Augustus seinen Ursprung von Aeneas ab, der wie Amor ein Sohn der Venus war. Aber mußte man den Princeps, Augustus den Erhabenen, mit Amor in Verbindung bringen, wie er gerade mit seinem losen Treiben Anstand und Sitte außer Kraft setzt?

Ovid spielt mit allem, was als erhaben gilt, mit dem Nationalepos seines großen Kollegen Vergil, mit den Vätersitten, mit dem Princeps, und man scheint es ihm nicht übelgenommen zu haben. M. Valerius Messalla Corvinus, Feldherr im Bürgerkrieg, Stadtpräfekt unter Augustus, Redner und Schriftsteller, nahm den jungen Ovid unter seine Fittiche und führte ihn in den römischen Literaturbetrieb ein. Messalla hatte wie Maecenas, der Freund und Mitarbeiter des Augustus, einen Kreis junger Dichter um sich geschart, zu denen auch Tibull gehörte (Vergil, Horaz und Properz hatten Maecenas zum «Mäzen»). Er veranstaltete Lesungen, bei denen die Dichter ihre noch unveröffentlichten Werke dem Publikum vorstellten und nicht nur Leser, sondern auch Verleger fanden. Ovid hatte mit seinen Corinna-Liedern sogleich großen Erfolg.

Ecce Corinna venit – siehe, Corinna tritt auf! Wie auf einer Bühne, in einem Theater für zwei Darsteller und den diskreten Leser, vollzieht sich der erste Auftritt von Ovids Heldin (Am. I 5). Zur Stunde der Siesta tritt sie zu ihrem Liebhaber ins abgedunkelte Zimmer, in losem Gewand, das Haar offen herabflutend. Bald steht sie nackt vor ihm – jeder Körperteil makellos, Schultern und Arme, Brüste, Hüften und Schenkel. Der Geliebte zieht sie an sich. *Cetera quis nescit – Das Weitere, wer wüßte es nicht. Erschöpft ruhten wir beide. Möge mir noch oft solch eine mittägliche Stunde beschert sein!* Ein intimes Gedicht, bei dem sich der Leser jedoch nicht als Voyeur fühlt. Stehend wird die Geliebte gezeigt, wie eine jener berühmten Statuen der Venus, die als erotisch-ästhetische Kunstwerke noch heute Bewunderung erregen. Ovid ist es freilich nicht nur um ästhetische Rücksichten zu tun, er will zeigen, daß er im Besitz einer Geliebten ist, die man unwillkürlich mit einer Göttin vergleicht.

Die Dichtung, Amor, Corinna – diese Reihenfolge in den *Amores* ist nicht zufällig. Der Dichter «brennt», vom Pfeil Amors getroffen, weil er sich für die Liebesdichtung auserwählt fühlt, nicht weil er einer großen Liebesleidenschaft Ausdruck geben will. Er hat sich das wechselnde Spiel mit den verschiedenen Situationen der Liebe zum Thema erkoren, wie es dem Titel *Amores* entspricht. So wird man nicht jedem Gedicht einen autobiographischen Zug abgewinnen wollen, man wird aber auch nicht so weit gehen, in ästhetisierender Verflüchtigung in dem Sprecher der Gedichte ein beliebiges «lyrisches Ich» und in Corinna eine bloße Kunstfigur zu sehen. Ovid sagt von sich selbst:

Fast noch als Knaben vermählte man mich einer Gattin, die weder würdig noch tüchtig und nicht lange verbunden mit mir.

Trist. IV 10, 69 f

Ein typischer Fall von Familienpolitik, eine Zwangsehe, bei der sich, wie häufig, auch hinterher keine Neigung einstellte. Dadurch fand sich Ovid ganz von selbst im Kreise der römischen jungen Männer, die die Liebe außerhalb der Ehe suchten, bei einer Kurtisane, schön und gebildet wie jene Cynthia oder Delia. Da sich in der *Stadt der Venus* genügend solcher Mädchen fanden, besteht kein Grund zur Annahme, daß ausgerechnet Ovid, der Meister der Liebe, der Kenner der weiblichen Psyche, keine «wirkliche» Corinna gehabt habe.[13] Neben Corinna, von der Ovid später in seinem autobiographischen Gedicht sagt, daß sie sein Talent entzündet habe, gab es noch andere. Der Dichter liebt Corinna, liebt die Frauen, liebt die Liebe selbst in ihrem bunten Wechselspiel. Da gibt es das Tête-à-tête im Zirkus, eine Liebelei mit der Herrin und der Zofe gleichzeitig, die Überlistung des Wächters und des Ehemanns, die Geschichte von der Liebesnacht, die nicht stattfand... Wer Anstoß nimmt, ist selber schuld:
Fort mit euch, ihr Grämlichen und Gestrengen, meine Verse sind keine Lektüre für euch! Das bin ich, der Dichter Naso, der seinen eigenen Leichtsinn besingt. (Am. II 1,2 f) *Nequitia*, die Nichtsnutzigkeit und Liederlichkeit – urteilten die «gestrengen Greise» so hart über den Liebesdichter, über einen, der nichts Vernünftiges tut und noch damit kokettiert? Neben dem ernsthaften Bestreben, sich den Freiraum für ihre Kunst zu sichern, ist auch das Vergnügen der Elegiker an ihrer Außenseiterrolle spürbar – épater le bourgeois, den braven Bürger ärgern, lautete die Parole, wie später bei den «verruchten» Dichtern der Pariser Bohème.
Wer soll die *Amores* nun lesen? Bemerkenswerterweise heißt es: die Braut im Beisein des Bräutigams, und zwar *non frigida, nicht kühl*[14]. Soll es heißen: damit sie nicht «frigide» ist, dem Bräutigam nicht mit der unterkühlten Höflichkeit der höheren Tochter begegnet und die arrangierte Ehe somit unter einem freundlicheren Stern steht? Will Ovid schon in den *Amores* ein Lehrmeister der Liebe sein? Die Unbeschwertheit und Leichtigkeit, mit der Ovid die Liebe als ein heiteres Spiel vorführt, ließ ihn und seine *Amores* zu allen Zeiten als willkommenes Pendant erscheinen gegenüber den Lasten und Leiden einer grande passion – oder den sogenannten ehelichen Pflichten.[15] Goethe empfand während seines römischen Aufenthalts die befreiende Wirkung der *Amores* und führt in

Sogenannte Aldobrandinische Hochzeit. Fresko vom Esquilin in Rom, um
20 v. Chr. Ausschnitt: Braut und Liebesgöttin. Rom, Vatikan

seinen «Römischen Elegien» oft regelrecht Zwiesprache mit dem römi-
schen Poeten und Liebhaber, so wenn er sagt:
Reizendes Hindernis will die rasche Jugend, ich liebe,
  Mich des versicherten Guts lange bequem zu erfreun. (XVIII)

Ovid hatte seinen Rivalen geradezu aufgefordert, sein Mädchen streng
zu hüten, denn ihn locke nur das Verbotene. Ovids Amor gibt auch dem

Dichter aus dem Norden seinen Stoff, und dieser wird von der Liebe belebt und beflügelt:

Oftmals hab' ich auch schon in ihren Armen gedichtet
    Und des Hexameters Maß leise mit fingernder Hand
Ihr auf den Rücken gezählt... (V)

Seelendramen

Ovid konnte von seinen *Amores* sagen, sie seien *felicia carmina*: sie gingen sehr gut (Am. II 17, 27). Später arbeitete er sie für eine zweite Auflage um. Nur diese ist uns erhalten, samt einem Vorspruch des Dichters: Statt fünf Büchern jetzt nur drei – falls sie dem Leser nicht gefallen, *ist immerhin kürzer die Pein.* Man darf annehmen, daß in der ersten Auflage Corinna noch mehr im Mittelpunkt stand, ganz in der Art einer Cynthia oder Delia.

Als Ovid literarisch neue Wege betrat, hat er aus dem «Liebesreigen» einiges ausgeschieden und die Rolle der Dichtung als seiner Lebensmacht stärker betont. In *Amores* I 15 weist er die «Reizworte» Forum, Kriegsdienst und Vätersitten zurück und nimmt für sich eine *fama perennis, ewig dauernden Ruhm*, in Anspruch. Durch die inzwischen erschienenen Elegiensammlungen des Tibull und Properz waren wohl auch manche Motive verbraucht und neue Themen traten ins Blickfeld. So wie die jungen Männer Roms, wenn das gesetztere Alter und der Ernst des Lebens an sie herantraten, ihren Mädchen Valet sagten, so wandten sich auch Properz und Ovid in ihren Dreißigern nun einem weiteren Themenkreis zu. Properz beschreitet in seinem vierten Elegienbuch als «römischer Kallimachos» neue Wege. Ovid sieht sich als Hercules am Scheideweg. Wie Tugend und Laster um den mythischen Helden, so streiten sich in komischem Wettkampf die Damen Tragoedia und Elegeia um ihn. ‹Genug des losen Getändels, eine römische Tragödie gilt es nun zu schreiben, die der Griechen würdig ist!›

Die Tragödie *Medea* entsteht, neben dem «Thyestes» des Varius Rufus das berühmteste (leider verlorene) Drama der augusteischen Zeit. Die griechische Sagenheldin tritt mehrfach bei Ovid auf.[16] Den Dichter scheint die psychologische Darstellung dieser Figur gereizt zu haben, die im Konflikt zwischen furor und ratio, Leidenschaft und Vernunft, alle Höhen und Tiefen durchlebt. Als Beispiel für eine pointierte Ausdrucksweise (sententia) zitiert Quintilian in seinem Rhetoriklehrbuch einen Vers aus Ovids Drama: *Servare potui, perdere an possim, rogas? – Ihn (Jason) retten konnt' ich – ihn vernichten könnt' ich nicht?* Von Quintilian stammt auch folgendes Urteil: «Die *Medea* des Ovid scheint mir zu zei-

Medea.
Wandmalerei aus Herculaneum,
1. Jh. n. Chr. Neapel,
Museo Nazionale

gen, was dieser Mann hätte leisten können, wenn er es nur vorgezogen hätte, seinem Talent zu gebieten statt ihm nachzugeben.» Trotz seines Erfolgs blieb es bei diesem einen Ausflug ins dramatische Fach. Ovid gehörte zu den Dichtern, die «sich lieber dem Leser anvertrauen als den Launen eines verwöhnten Zuschauers»[17], der damals vom Theater vor allem eine prunkvolle Ausstattung mit Massenszenen und großem, bühnentechnischem Aufwand forderte, ein Spektakel für die Augen, wie es Horaz satirisch schildert. So ist auch Ovids spätere diesbezügliche Äußerung zu verstehen: Er will damit nicht sagen, er habe kein Stück für die Bühne verfaßt, sondern er habe nichts für den Beifall eines breiten Publikums geschrieben.[18] Die *Medea* ist somit nicht, wie verschiedentlich angenommen, als ein Lesedrama anzusehen. «Die Antike kennt nur Bühnendramen. Das antike Rezitationsdrama ist eine Erfindung des 19. Jahrhunderts.» (Wilfried Stroh)

Ovid zieht es vor, die mythischen Gestalten in der Phantasie seiner Leser lebendig werden zu lassen. Diese waren ja in ihren Villen umgeben von der Welt des Mythos, deren Helden und Heldinnen in Statuen und Wandmalereien ständig präsent und jedem bekannt waren. So dichtet Ovid nun in Elegienform die *Epistulae Heroidum* oder *Heroides*, Briefe von Sagenheldinnen an ihre fernen Männer oder Geliebten. Oft sind diese treulos, und der Brief ist ein letzter verzweifelter Versuch, den immer noch Geliebten umzustimmen. So schreibt Medea an Jason, Ariadne an Theseus, Dido an Aeneas. Andere erhoffen die baldige Rückkehr ihres Mannes und beklagen die Trennung, wie Penelope oder Laodamia, die ihrem Gatten nach Troja schreibt: *Bella gerant alii, Protesilaus amet! – Anderen lasse den Krieg, du, Protesilaus, liebe!* (Ein Spruch, der später als: «tu, felix Austria, nube – du, glückliches Österreich, heirate!» abgewandelt wiederkehrte.) Als einzige historische Persönlichkeit tritt Sappho auf, die sich nach dem schönen Jüngling Phaon sehnt, ein erdichteter Mythos.[19]

Ein breites Spektrum von Liebe und Leidenschaft tut sich auf, von der treuen Gattenliebe der Penelope über die verzehrende Glut der Dido, die ihren Schwanengesang singt, bis zur inzestuösen Begierde einer Phaedra, die ihren Stiefsohn liebt und ins Verderben reißt, oder der beklagenswerten Verirrung einer Canace, die ein Kind vom eigenen Bruder hat. Jede Liebende erhält ihren eigenen Ton, ihre «Liebespsychologie». Da man laut las, hatte man bei der Lektüre dieser Monologe ein «Theater zu Hause»; man war, je nach Stimmung oder Temperament, Medea oder Penelope. Von dieser Lesepraxis her entkräften sich auch die modernen Vorwürfe, die Briefe seien monoton, da sie immer um das gleiche Thema kreisten. Man las sie nicht in einem Zug, sondern suchte sich jeweils den einen oder anderen Brief aus. So rät Ovid selbst in seiner *Liebeskunst*, als er den Frauen den anmutigen Vortrag von Gedichten empfiehlt, einen seiner Heroiden-Briefe auszuwählen.[20] Diese Gattung habe er neu ge-

Ixion-Zimmer. Raum mit Malereien mythischer Szenen aus dem Haus der Vettier, Pompeji, um 70 n. Chr.

schaffen, anderen sei sie unbekannt gewesen. Wohl haben Epos, Tragödie und hellenistische Dichtung den Stoff geliefert, der gefühlsbetonte Frauenmonolog findet sich besonders bei Euripides, und auch Properz wird mit seinem Brief der Arethusa an ihren Gatten anregend gewirkt haben. Aber Ovids Anspruch besteht doch zu Recht.

Wir empfinden die *Heroides* heute als Vorläufer der Kunst des «inneren Monologs», und als neuartig erweist sich auch die Perspektive des Dichters, weiblichen Randfiguren der Sagengeschichte das Wort zu erteilen und damit altbekannte Ereignisse aus einem ganz anderen Blickwinkel zu zeigen. So schreibt Briseïs an Achilleus, die Kriegsgefangene an den Helden des Trojanischen Kriegs, der aus verletztem Stolz dem Kampf fernbleibt. Sie rät ihm, seinen Groll aufzugeben. Schmeichelnd, klagend und beschwörend redet sie auf ihn ein, mit aller Klugheit einer liebenden Frau, und angesichts ihrer Argumentation erscheint der gewaltige Kriegsheld wie ein trotziges großes Kind. Die verlassenen, verschmähten Frauen, über die das Schicksal hinweggeht, erhalten hier eine Stimme – man denkt unwillkürlich an Christine Brückner und ihre «Ungehaltenen Reden ungehaltener Frauen»[21], mit Ovid in Solidarität und Mitgefühl über zwei Jahrtausende vereint.

Die «Frauen der Sage» mit ihren wirkungsvollen Monologen fanden bald den Weg auf die Bühne (auch hierin den «Ungehaltenen Reden» vergleichbar). Ovids Freund Sabinus verfaßte Antwortbriefe: Penelope erhält Nachricht von Odysseus, Aeneas rechtfertigt sich vor Dido. Ovid hatte den Geschmack des Publikums getroffen. So fühlte er sich zu einer zweiten Auflage angeregt, in der er auf die fünfzehn Briefe nun noch drei Briefpaare folgen läßt: Paris und Helena, Hero und Leander, Acontius und Cydippe. Hat er hier, wie Quintilian es ihm später vorhielt, seinem Talent allzusehr nachgegeben, oder hat er sich, wie der ältere Seneca rügte, nicht von seinem Thema trennen können? Die drei Stücke sind jedoch kein Anhängsel; der Blick richtet sich nun auf eine Vereinigung der drei Paare, die sich außerhalb der Handlung, glücklich oder tragisch, in der Phantasie des Lesers, vollzieht.

«Acontius und Cydippe» ist die aus Kallimachos bekannte Geschichte[22] von dem jungen Mann, der seiner Angebeteten einen Apfel zurollt, auf dem steht: «Bei Diana, ich will den Acontius heiraten!» Da man laut las, hatte sich Cydippe gebunden. Die Eltern wollen sie an einen anderen verheiraten, doch alles findet ein gutes Ende.

«Hero und Leander» ist ein unschätzbares kleines Melodram, die Geschichte von den zwei Königskindern, die zusammen nicht kommen konnten, denn das Wasser war viel zu tief. Die junge Hero lebt am einen

Paris und Helena. Gemälde von Jacques-Louis David (1748–1825). Paris, Louvre

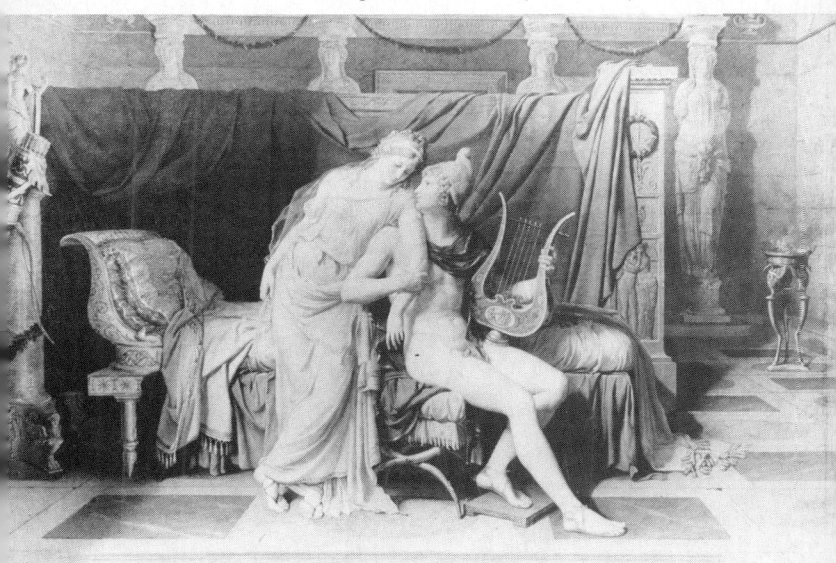

Ufer des Hellesponts, in Sestos, ihr Geliebter Leander aber drüben in Abydos. Er schwimmt des Nachts über die Meerenge hinüber, geleitet von einem Licht aus Heros Turm. Als er wegen eines Sturms nicht kommen kann, schreibt er ihr, und sie antwortet. Heros Brief ist ein spannungsreicher «innerer Monolog». Gedanken der Sehnsucht und der ängstlichen Sorge überfluten sie wie die stürmische See. «Des Meeres und der Liebe Wellen» (Franz Grillparzer) sind ihr und Leanders Schicksal. Der Leser weiß, daß sich Heros ängstliche Vorahnungen erfüllen sollten: Tot wird sie ihren Liebsten am Strand finden. Ihr Brief hat seine Sehnsucht so sehr entfacht, daß er das Ende des Sturms nicht abwartete.

In den Briefen von Paris und Helena herrscht ein mondäner Gesellschaftston. Paris weilt als Gast bei Menelaos in Sparta und schickt der Dame des Hauses ein Billet doux. Helena antwortet abweisend, ganz die hoheitsvolle Spartanerkönigin. Aber im Verlauf des Briefs ändert sich ihr Ton, und sie entpuppt sich als eine der Schönen, für die Ovids Ausspruch gilt: *Jede kann gewonnen werden, wenn man es nur geschickt anstellt . . .*

Liebeskunst und Staatsräson

Paris zieht in seiner amourösen Epistel an Helena alle Register der Verführungskunst; er beherzigt die Regeln, die Ovid in dem Werk formuliert, das, ebenfalls im elegischen Versmaß, gleichzeitig mit den Doppelbriefen der *Heroiden* entsteht, die *Ars amatoria* oder *Ars amandi*, die *Liebeskunst*. Ovid hatte gesagt, er wolle noch eine Zeitlang bei der Liebe und der Elegie verweilen. Aber er ist nun an die 40 Jahre alt, und so wechselt er die Rolle. Es spricht nicht mehr der verliebte junge Mann, sondern ein Liebeserfahrener, der die Jugend belehren will. Eine solche Haltung war im Griechischen vorgeprägt, von den frühen Lyrikern bis hin zu Sokrates, der in Platons «Symposion» und im «Phaidros» als Kenner und Lehrer der Liebe auftritt.

Wenn in diesem Volk jemand die Kunst des Liebens noch nicht kennt,
Lese er dieses Gedicht und liebe dann mit Verstand.
Ars I 1 f. Übers. Niklas Holzberg

Kann – und soll – man denn mit Verstand (*doctus*) lieben, und ist die Liebe eine *ars*, eine Kunstfertigkeit, eine «Technik», die man erlernen kann? Für Catull und die Elegiker Tibull und Properz war die Liebe eine elementare Daseinsmacht, der man unterworfen war, ein servitium amoris, eine Sklaverei der Liebe, gegen die kein Mittel half, wenn sie auch noch so unglücklich machte. Und Ovid will den wilden Gott Amor zähmen! Er sagt, so wie es eine Kunst gibt, um Schiffe zu steuern, Wagen zu lenken, wilde Pferde und Stiere zu bändigen, so gibt es auch eine Kunst, um Amor zu regieren, ja, er muß «kultiviert» und gelenkt werden: *arte regendus Amor* (Ars I 3). Diese Kunst will Ovid in seinem Gedicht lehren: *Mich hat Venus zum Meister ernannt für den losen Amor!* (Ars I 7) Ein Lehrgedicht also, und damit knüpft Ovid an eine altehrwürdige Tradition an.

Um 700 v. Chr. hatte Hesiod aus Askra in Böotien in homerischen Hexametern seine «Werke und Tage» verfaßt, ein episches Gedicht über die Arbeit des Bauern im Jahreskreis. Von den Musen selbst inspiriert, will er, obwohl er die landwirtschaftlichen Arbeiten genau beschreibt, doch

Geburt der Aphrodite. Mittelplatte vom Ludovisischen Thron. Rom, Museo Nazionale

keinen «Bauernkalender» schaffen. Sein Lehrgedicht hat ein Anliegen: Hesiod will zeigen, daß das Leben von Gerechtigkeit getragen sein muß, eingebettet in die Ordnung der Natur. Nur so wird die Arbeit Segen und Gedeihen bringen. Um dieser umfassenden Sicht willen greift Hesiod weit aus, schildert die Weltepochen mit dem Mythos vom goldenen Zeitalter, von Prometheus und der Büchse der Pandora – keine Exkurse, sondern Durchblicke auf eine übergreifende Ordnung. Dieser über das Faktische hinausgehende Charakter ist dem Lehrgedicht erhalten geblieben. In hellenistischer Zeit gab es Gedichte über Bienenzucht, über Arzneimittel – eine alexandrinische Kleinpoesie, in der die Dichter ihre Virtuosität und ihren aufs äußerste verfeinerten Stil demonstrieren wollten.[23] In Rom hatten Lukrez und Vergil die Gattung des Lehrgedichts wieder auf den hohen Ton Hesiods gestimmt und eine Welt in ihrer Dichtung gespiegelt: Die «Welt aus Atomen» nach der Naturphilosophie des Epikur in «De rerum natura» – «Von der Natur der Dinge» bei Lukrez (97–55 v. Chr.), die ländliche Welt Italiens mit Ackerbau, Viehzucht und Baumkultur in Vergils «Georgica» – «Vom Landleben» (entstanden 39–29). Wie Hesiod haben auch die römischen Lehrdichter eine Intention, über das Thema hinausgeht. Lukrez will durch seine materialistische Welterklärung die Menschen von ihren Ängsten, von Todesfurcht befreien. Vergil gibt ein Gleichnis für eine sinnerfüllte menschliche Existenz, als Neuorientierung für die Zeit nach der Not und Verwilderung der Bürgerkriege.[24]

In diese Tradition des Lehrgedichts stellt sich Ovid: ein hoher Anspruch.[25] *Erfahrung (usus) brachte dieses Werk hervor. Hört auf den kundigen Sänger: Wahres werde ich singen. Mutter Amors, steh du mir bei meinem Werke bei!* (Ars I 29f) Venus ist seine Patronin, die Göttin im Myrtenkranz, auf die sich Ovid bereits in seinen *Amores* berufen hat und die ihm nun sogar ein Blatt von ihrem Kranze reicht (Ars III 53ff). Sie ist die Gottheit, die Kultur und Gesittung stiftet[26], und sie war es auch, so führt Ovid aus, die nach der Entstehung der Welt aus dem Chaos Menschen und Tiere, die zerstreut in roher Wildheit lebten, zusammenführte und besänftigte (Ars II 467ff). Damals hat Venus noch ohne Kunst (*arte nulla*) ihr Liebeswerk vollenden können. *Blanda voluptas, zärtlich schmeichelnde Lust*, ließ beide Partner einträchtig ihre Freude genießen. Die Liebe, wie sie Ovid hier in den Mittelpunkt eines Kulturentstehungs-Mythos stellt, ist keine zerstörerische Liebessklaverei, wie bei Catull oder Properz. Aber sie ist auch keine bloße Zweckgemeinschaft zur Zeugung von Nachkommenschaft wie die herkömmliche römische Ehe. Wie soll die Liebe aber den Charakter des *dulce opus*, der «Freuden der Venus», wiedergewinnen, da der Mensch nicht «zurück zur Natur» gelangen kann? Eben dafür bedarf es einer Kunst, welche jene kultivierte Leichtigkeit schenkt, die den Verkehr der Geschlechter prägen soll.

Leichtigkeit, heißt das nicht Leichtfertigkeit? Und das zu einer Zeit, da man, wie in jeder Nachkriegsgesellschaft, besonders konservativ war? Augustus hatte das neue Rom auf den Fundamenten der republikanischen Traditionen und Wertvorstellungen erbaut. Nur in der Rückbesinnung auf die Tugenden der Vorfahren, die vielgepriesenen und beschworenen mores maiorum, sah er den Weg zu einer innerlichen Erneuerung und damit in eine neue Zukunft. Diesen Grundsätzen blieb seine Politik auch in der Folgezeit verpflichtet. Das Hauptziel einer moralischen Aufrüstung war die Familie, die Augustus durch eine eigene Gesetzgebung zu stärken und zu reformieren gedachte. Im Rahmen einer großangelegten Reformgesetzgebung erließ er Gesetze zur Familienpolitik, die der Ehescheu der besseren Kreise Roms und dem damit verbundenen drastischen Bevölkerungsrückgang steuern sollten. Durch die im Jahre 18 v. Chr. erlassene lex Julia de adulteriis coërcendis (Gesetz zur Bestrafung von Ehebruch)[27] wurden Ehebruch und Verkehr mit einer Freigeborenen (Mädchen oder Witwe) zu einem Delikt, das gerichtlich verfolgt wurde. Bisher war dies durch ein Familiengericht geregelt worden. Als Strafe war die Einziehung des Vermögens und die Verbannung festgesetzt. Die im gleichen Jahr erlassene lex Julia de maritandis ordinibus (Gesetz über die Verheiratung der oberen Stände) verpflichtete die Angehörigen der höheren Gesellschaftsschicht zur Heirat mit einem ebenbürtigen Partner.

Nach einer Scheidung oder dem Tod eines Ehegatten mußte man sich, falls man noch in jüngeren Jahren war, wiederverheiraten um weiterer Nachkommenschaft willen. Ehe- und Kinderlose waren sowohl bei der Bewerbung um die Ämter wie auch in vermögensrechtlichen Fragen, zum Beispiel beim Erbrecht, stark benachteiligt. Das war ein gravierender Eingriff in das Privatleben der Römer, die sich gerade erst aus der drückenden Gewalt des Familienoberhaupts, der patria potestas, emanzipiert hatten. Der Staat übernahm die Aufgaben, die ihm durch die Lockerung gesellschaftlicher Bande zufielen, er wurde zum «Übervater», eine Entwicklung, wie sie bis heute wohlbekannt ist. Mit Maßnahmen gegen drohenden Bevölkerungsschwund in die Intimsphäre der Bürger hineinzuregieren, war damals wie heute problematisch und nicht von Erfolg gekrönt.

Im augusteischen Rom gab es Widerstand gegen das Verheiratungsgesetz; ein erster Anlauf war sogar gescheitert[28], und Properz gab daraufhin seiner Freude und Genugtuung Ausdruck, daß er bei seiner Cynthia bleiben durfte: «Nicht einmal Jupiter kann zwei Liebende scheiden! – Aber der Caesar ist groß. – Ja, groß ist er im Krieg, doch das gilt nichts in der Liebe.» Er, Properz, will jedenfalls keine Söhne erzeugen für vaterländische Siege und aus seinem Geblüt wird niemals jemand Soldat werden![29] So dachten wohl viele Römer. Freiheit und Liebe galten ihnen mehr als Ehe und Vatergefühle. Ovid konnte also mit seiner *Liebeskunst*, wie schon mit seinen *Amores*, sicher sein, den Publikumsgeschmack zu treffen. Doch wie hielt er es mit dem zwar angefeindeten, aber doch sanktionierten «Sittengesetz»? Er sicherte sich ab, indem er gleich zu Anfang unverblümt erklärte:

Haltet euch ferne von mir, zarte Haarbänder, Zeichen der Keuschheit,
*   Und du, langer Besatz, der du die Füße bedeckst!*
Sichere Liebe besing' ich und heimliches Tun, das erlaubt ist,
*   Und in meinem Gedicht wird kein Verbrechen gelehrt.*

Ars I 31 ff. Übers. Niklas Holzberg

Die schleierartigen Haar- und Kopfbinden (*vittae*) und die Stola, ein langes Gewand mit breitem Saum (*instita*), trugen die verheirateten Frauen, die matronae. Sie sind also ausdrücklich ausgeschlossen, als Agierende wie auch als Leserinnen. Angesprochen sind die Mädchen, wie sie in den *Amores* auftreten, libertinae, Freigelassene, und ihre Kavaliere. Sollte die *Ars* also, wie jugendgefährdendes Schrifttum, unter dem Ladentisch verkauft werden, und sollte die Sklavin, die sie zu kaufen kam, nachweisen, daß ihre Herrin eine Freigelassene und keine matrona war? Dies konnte schließlich niemand verlangen; Ovid spricht hier also nur pro forma. Das Lehrgedicht mit seinem über das Wörtliche hinausgehenden Charakter bot ihm die Handhabe, das eine zu sagen und das an-

Weihrauchstreuende Frau in der Kleidung der römischen Matrone. Seitenplatte vom Ludovisischen Thron. Rom, Museo Nazionale

dere zu meinen, die eine Zielgruppe anzusprechen, ohne die andere aus-zuschließen.

Was lehrt Ovid nun in seiner *Liebeskunst*? Mit römischer Klarheit und nicht ohne Humor gibt er gleich zu Anfang eine Disposition seines Werks: Zuerst soll sich der «Schüler» darum bemühen, das Objekt seiner Liebe zu finden. Dann gilt es, sich anzustrengen, die Erwählte zu gewinnen, um schließlich der Liebe lange Dauer zu verleihen. Das ist der Plan des Werks, und daß es hier um Bemühung, *labor*, geht, wie im Lehrgedicht bei Hesiod und Vergil, wird sogleich eingeschärft. Dann beginnen die praecepta, die Ratschläge für den jungen Mann, der ein Liebchen sucht, was nicht schwerfällt in einer Stadt, die Venus selbst (als Mutter des Aeneas) zum Wohnsitz gewählt hat. Ovid nimmt den Leser mit auf einen Spaziergang durch Rom, in die Säulenhallen, über das Forum, in Tempel, Theater und Zirkus. Überall gibt es schöne Mädchen, die nur darauf warten, bewundert zu werden.

Spectatum veniunt, veniunt spectentur ut ipsae
Zum Schauen kommen sie, sie kommen, um auch selbst angeschaut zu werden.

Ars I 99

Und wenn auch eine Frau zuerst Nein sagt, so freut sie sich doch über die Werbung. Die *furtiva Venus*, die heimliche Liebe, gefällt den Frauen ebenso wie den Männern, aber sie sind gewohnt, es besser zu verbergen. Doch wenn wir Männer, sagt Ovid, übereinkämen, von uns aus nicht den ersten Schritt zu tun, dann würde die Frau die Rolle der Werbenden übernehmen. *Conveniat* – Konvention ist die Rollenverteilung in der Liebe, und daß die Frau ebenso leidenschaftlich ist wie der Mann, ja noch heftiger entbrennen kann, dafür zeugen die mythischen Geschichten einer Pasiphaë oder Phaedra.

Hat man sich eine Schöne erwählt, bedarf es einer genauen Taktik: Geschenke, Besuche, Liebesbriefe (wofür hat die römische Jugend Rhetorik gelernt – *blanda verba, schmeichelnde Reden* sind gefragt). Und nicht zu vergessen: Ein gepflegtes Äußeres soll den Mann empfehlen. Keine Locken, mit der Brennschere gekräuselt, das ist etwas für Stutzer. Ein Hauch von nachlässiger Schönheit steht den Männern, so als kämen sie als Sportler vom Marsfeld oder als Jäger aus der Wildnis. Aber bitte, ohne danach zu riechen: In sportlicher Bräune, mit gepflegter Haar- und Barttracht (also ganz im Stile heutiger werbewirksamer, desodorierter Natürlichkeit) sollen sie sich ihrer Dame präsentieren. Zu dem angenehmen Äußeren kommen gute Manieren und ein Gespür dafür, wie jede einzelne gewonnen sein will, ob durch lange Belagerung, durch Überrumpelung, in der Rolle des treuen Freundes oder des respektvollen Verehrers. Ein Proteus, ein wahrer Verwandlungskünstler muß der Liebende sein.

Soweit der erste Teil (Buch I). Dann folgen die Lektionen für Fortgeschrittene. *Ist sie durch meine Kunst gefangen, muß sie auch durch meine Kunst festgehalten werden.* (II 12) Es ist schwer, Amor, den geflügelten Gott, zu halten. Manche wollen Zuflucht zu Hexenkünsten und Liebestränken nehmen. Ovid warnt vor letzterem, es kann böse Folgen haben und zu Wahnsinn führen. Er hat ein anderes, verblüffendes Rezept (II 107):

Liebespaar, Reliefkeramik-Stempel einer Tonschale, Nachbildung antiker Vorlage aus Arezzo in augusteischer Zeit. Berlin, Antikenmuseum

Sit procul omne nefas! Ut ameris, amabilis esto!
Laß alle Freveltaten! Um geliebt zu werden, sei liebenswürdig!

Und er rät (wohlgemerkt dem Mann!), beizeiten daran zu denken, daß Schönheit ein vergängliches Gut sei. Daher soll man seinen Geist trainieren, sich Bildung aneignen, damit man mehr als nur seinen Körper besitzt und auch noch über Reize verfügt, wenn sich Runzeln und graue Haare einstellen. Odysseus war nicht schön und auch nicht mehr jung, aber wie konnte er erzählen! Immer freundlich und nachgiebig sein, ohne männlichen Hochmut, mit Anerkennung und Lob nicht sparen, Vorzüge hervorheben, über Nachteile hinweggehen, diskret sein, sogar einen Rivalen ertragen, bisweilen aber auch Eifersucht erwecken als Würze der Liebe – das entspricht dem, was Ovid zu Anfang seines Lehrgangs angekündigt hatte: *labor*, Bemühung um die Liebe. Man soll «für den ‹Liebesunterhalt› ebenso arbeiten wie für den Lebensunterhalt», empfiehlt ein Paartherapeut unserer Tage, ganz im Sinne Ovids.[30]

Modern mutet auch an, was Ovid über das letzte Ziel seiner Belehrungen, die Freuden der Venus selbst, zu sagen hat[31]: *Was uns erfreut, das soll bei Mann und Frau zu gleichen Teilen (ex aequo) zu spüren sein. Mir ist ein Beilager verhaßt, bei dem nicht beide Lust und Entspannung finden. Das ist auch der Grund, warum mich Knabenliebe weniger berührt. Bis ins*

35

Innerste gelöst soll die Frau die Freuden der Venus genießen und beide sollen gleichermaßen die Lust empfinden. Die Frau soll auch zeigen, wo sie Zärtlichkeiten gern hat, und dem Mann geheime Signale geben, ob er den rechten Kurs steuert, damit er zum richtigen Zeitpunkt gemeinsam mit ihr ans Ziel kommt. Die Frau wird als Partnerin ernstgenommen, auch wenn es sich, offiziell zumindest, «nur» um eine Freigelassene handelt. Man kann sich vorstellen, daß solche An- und Einsichten, wie sie selbst heute noch längst nicht Allgemeingut sind, nicht nur anregend, sondern auch schockiernd wirkten.

Für Ovid war es nur folgerichtig, für den Leser aber eine Überraschung, daß das Werk nicht, wie angekündigt, mit dem zweiten Buch schließt. Aber sieh da, die zarten Mädchen bitten ihn, er möge doch ihnen auch Ratschläge geben. Um sie wird er sich also im nächsten Buch kümmern (II 745). So geschickt hat Ovid seinen Plan verborgen, auch das andere Geschlecht mit *Waffen für den Liebeskrieg* auszurüsten, daß man durchaus auch glauben kann, das Werk habe zunächst nur aus zwei Büchern bestanden und sei dann, wohl des großen Erfolgs wegen, erweitert worden.[32] *Non aequum, nicht recht und billig* sei es, meint Ovid, die Frauen zu benachteiligen – wenn die Liebe auch ein Spiel ist, unfair soll es dabei nicht zugehen. Wie nötig das ist, zeigt unter anderem das Beispiel von Dido und Aeneas. Er war berühmt als der pius Aeneas, der fromme, pflichtgetreue, und doch wurde er der Grund für Didos Tod.

Was euch vernichtete, sag' ich: Vom Lieben habt ihr nichts verstanden.
  Kunst fehlte euch, nur durch Kunst hat eine Liebe Bestand.
  Ars III 41 f. Übers. Niklas Holzberg

Zu dieser Kunst gehört, wie Ovid später im Rückblick ausführt[33], *ratio* statt *impetus*, vernünftiges, «zivilisiertes» Verhalten statt einer blinden, selbstzerstörerischen Leidenschaft, von der sich Dido fortreißen ließ. Eine Dido, die die *Liebeskunst* gelesen und ihrem Aeneas freundschaftlich den Abschied gegeben hätte, wäre freilich aus dem Kreis der Heroinen ausgeschieden. Oder – Ovid verführt mit seiner heiter-ironischen Lebensklugheit auch den modernen Leser zum Weiterdenken – hätte sie einen neuen Typus der Heroine inauguriert – in der Art einer Marschallin aus dem «Rosenkavalier», die weiß, «wann eine Sach' ein End hat»?

Ovid will nun lehren, auf welche Weise eine Frau liebenswert wird. *Ordior a cultu – Ich fange an mit der Pflege* (III 101). *Cultus*, ein zentraler Begriff im dritten Buch der *Liebeskunst*, umfaßt, wie Ovid mit dem Beispiel der Trauben und des Ackers zeigen will, Kultivierung im weitesten Sinne und knüpft damit an die Kulturentstehungs-Lehre des 2. Buches an, in der Venus und ihre friedens- und zivilisationsstiftende Kraft gepriesen worden war. Schönheit allein genügt nicht, selbst göttergleiche Schönheit vergeht ohne sorgsame Pflege. Wenn diese früher nicht üblich war, so lag das an den Zeiten, wo auch die Männer noch rauhe, struppige Kriegsleute waren. Einst herrschte rohe Schlichtheit, führt Ovid aus, doch jetzt ist Rom golden und besitzt Schätze aus aller Welt. Man sehe nur das Kapitol, wie es einst war und jetzt, mit dem goldgedeckten Tempel des Jupiter. Und die Kurie, früher ein strohgedecktes Häuschen, ist heute würdig der hohen Versammlung, die darin tagt. Der Palatin, der nun den berühmten Apollo-Tempel und andere prächtige Bauwerke trägt, er war einst eine Viehweide!

Möge das Altertum andre erfreuen, ich preise mich glücklich,
Jetzt erst zu leben; es paßt zu meiner Art diese Zeit.
Ars III 121 f. Übers. Niklas Holzberg

Dies ist eine jener reflektierenden Partien, die zur Gattung des Lehrgedichts gehören und dem Dichter eine eigene Stellungnahme erlauben. Wir befinden uns in den Jahren um die Zeitenwende; 19 v. Chr. war Vergil gestorben und hatte die Aeneis hinterlassen, auf die hier angespielt wird. Im 8. Buch kommt Aeneas zu König Euander, der in bäuerlicher Schlichtheit an der Stelle des späteren Rom wohnt. «Dort, wo sich heute der goldene Jupiter-Tempel auf dem Kapitol erhebt, verehrte man einstmals in dichtem Waldgestrüpp mit frommem Schauder die Gottheit», sagt Vergil.[34] Damals herrschte ein goldenes Zeitalter, mit Bescheidenheit, Schlichtheit und Frömmigkeit, auch ohne Tempel mit goldenen Dächern. Vergil sah hierin das Vorbild für die Jetztzeit, eine Sicht, die sich – ganz ohne «Druck von oben» – mit der des Augustus traf. Es war vielmehr ein allgemeines Bestreben der Bürgerkriegsgeneration, aus der belasteten Gegenwart heraus im Blick auf eine verklärte Vergangenheit eine neue Identität zu finden: ein in den Jahren nach der Schlacht von Actium psychologisch verständlicher Gedanke, der in bezug auf das Schuldtrauma des Bruderkriegs auch notwendig war, eine «Überlebenshilfe».

Aber, so fragt Ovid, ist es heute noch sinnvoll, nach diesen Vorstellungen zu leben, eine Generation nach dem Ende der Bürgerkriege? Jetzt ist das goldene Zeitalter, das neue prächtige Rom zeigt es ja. Augustus rühmt sich, aus einer Ziegelstadt eine Stadt aus Marmor gemacht zu haben – mit Recht. Aber sollen die Römer in einer marmorglänzenden Stadt leben und immer noch auf die rauhen Vorvätersitten mit ihrer bäuerlichen Schlichtheit verpflichtet werden? Schluß mit dieser widerspruchsvollen Verklärung – man soll sich doch zum gegenwärtigen Zeitalter bekennen mit den Sitten, wie sie heute herrschen und wie sie dem individuellen Lebensgefühl der Zeit entsprechen. Mit dem Preis seines Zeitalters und der Ablehnung der unkultivierten «guten alten Zeit» fordert Ovid, endlich die Nachkriegsepoche zu beenden, die Gegenwart zu bejahen, sich in ihr einzurichten und wohl zu fühlen, ohne romantische Rückwärtsgewandtheit oder zwanghafte Fixierung auf die Ideale der Altvorderen. So

Mädchen, das Parfum abfüllt. Fresko von dem römischen Haus (vermutlich Wohnsitz der Julia d. Ä. und des Agrippa) unter der Villa Farnesina in Rom, um 20 v. Chr. Rom, Museo Nazionale

ist es wohl auch zu verstehen, daß Ovid, trotz seines Konflikts mit den Ehegesetzen des Augustus, in die *Liebeskunst* einen hymnischen Lobpreis des jungen Gaius Caesar einfügt, des Enkels und Adoptivsohns des Augustus, der sich damals (1 v. Chr.) gerade im Osten des Reichs die ersten Sporen verdiente.[35] Gaius war ein Kind der neuen Zeit, der Hoffnungsträger für die jüngere Generation. Als jüngster der augusteischen Dichter tut Ovid bewußt den Schritt in das neue Zeitalter, von dem dann

Tacitus sagen wird: «Nicht alles war bei den Früheren besser; auch unsere Epoche hat Lobens- und Nachahmenswertes hervorgebracht.»[36]

Nicht wegen des Luxus liebt Ovid seine Zeit – er hebt eigens hervor, daß er übertriebenen Aufwand und neureiche Raffgier ablehnt –, *sondern weil feine Lebensart (cultus) herrscht und weil sich das bäurische Wesen (rusticitas) nicht bis auf unsere Tage gehalten und die Urväter überlebt hat* (III 127 f. Übers. Michael von Albrecht). *Cultus* ist Ovids Leitbegriff[37] – dazu gehört für ihn alles, was sich auf die Verfeinerung und Verschönerung des Lebens bezieht, die Pflege der äußeren Erscheinung, kultivierter Geschmack, gepflegte Umgangsformen, Bildung und die selbstverständliche Beschäftigung mit den Künsten und Wissenschaften. Ovids *cultus* erscheint geradezu als Weiterentwicklung jenes von griechischer Bildung getragenen Lebensgefühls der humanitas und urbanitas, das Cicero seinen Mitbürgern vermitteln wollte, nun verallgemeinert zur «feinen Lebensart». Zu diesem *cultus*, dem zivilisierten Umgang miteinander, gehört auch die Erotik, die man «zweckfrei» genießen und kultivieren kann.

Hier kommt der Frau eine besondere Rolle zu. Die *culta puella* wird sich nicht mit Gold und Juwelen behängen, sondern mit gewählten Mitteln ihre Persönlichkeit unterstreichen und ihren Typ hervorheben. Ebenso wichtig wie die Pflege des Äußeren ist ein gewinnendes Wesen, und Anmut ist erlernbar. Wie den Männern, so rät Ovid auch den Frauen, sich Bildung anzueignen. Leier- und Harfenspiel, Dichtungen von Kallimachos, Sappho und Menander, die Liebeselegien des Properz und Tibull, die Aeneis, all das soll der *femina docta*, an die Ovid sich wendet, vertraut sein (III 329 ff). Und nicht zu vergessen die *culta carmina*, die feinsinnigen Lieder ihres Liebeslehrers! Ovid läßt eine eigene Welt entstehen, eine Kunstwelt, die weit über das hinausgeht, was er zu lehren versprach. Immer deutlicher tritt auch hervor, daß sich Ovid an ein größeres weibliches Publikum wendet, nicht nur an die gefälligen, hübschen Mädchen. Soviel Interesse für Künste und Wissenschaften, wie es Ovid fordert, konnte man eher bei den Damen der römischen Gesellschaft voraussetzen, die durch Hauslehrer und Schule von klein auf an den Umgang mit griechischer und römischer Literatur gewöhnt waren. Und sie waren wohl besonders dankbar für Ratschläge, mit deren Hilfe sie so manche Mängel wie fehlende Rundungen, einen schlaksigen Gang oder eine «Reibeisenstimme» verdecken oder beheben konnten. Sie waren auch daran interessiert, die Liebe ihres Ehemannes zu gewinnen und zu erhalten, oder – mit möglichst geringem Risiko – andernorts die Freuden der Venus zu genießen. Für sie hat Ovid eigens Ratschläge bereit, aus Sicherheitsgründen im Negativbild. Liebe soll beiden Partnern Spaß machen, hat er festgestellt, und fügt nun hinzu:

Mars und Venus. Wandmalerei aus Pompeji, nach 63 n. Chr. Neapel, Museo Nazionale

Die will ich nicht, die sich gibt, nur weil sie eben verpflichtet,
  Trocken dabei, und denkt gar noch an Wolle und Garn.

                                        Ars II 685f. Übers. Wilfried Stroh

Die Wollarbeit war die typische Domäne der römischen Hausfrau. «Domum servavit, lanam fecit» – «Sie wahrte das Haus und besorgte die Wollarbeit», heißt es in einer Grabinschrift des 2. Jahrhunderts v. Chr., aus der «guten alten Zeit» der Vorfahren.[38] Muß die Frau denn immer an ihre Hausfrauenpflichten denken – oder meint sie vielleicht nur, sie müßte es, da Augustus im Zuge seiner Familienreform demonstrativ «Selbstge-

webtes» trug, das von seiner Gattin Livia sowie von Tochter und Enkelin-
nen, wohl mit mehr oder weniger Überzeugung, angefertigt wurde?
Ebenfalls in die eheliche Sphäre gehört folgende Bemerkung Ovids:

Mars und Venus. Bronzestatuette von Conrad Meit,
um 1520. Nürnberg, Germanisches Nationalmuseum

Darum kann man auch nicht in die eigene Gattin verliebt sein:
Denn so oft ihm's gefällt, darf ja der Gatte zu ihr.

Ars III 585f. Übers. Wilfried Stroh

Der Reiz der verbotenen Früchte, die Lockung der gestohlenen und verstohlenen Liebe, der *furtivus amor* – ließ er sich nicht mit jener von Ovid gelehrten Kunst auch im Ehealltag inszenieren? Heute werden solche Ausflüge in die Zeiten jugendlich-heimlicher Liebesabenteuer ernsthaft als Ehetherapie empfohlen.[39]

Es ist nur folgerichtig, daß Ovid auch für die Ehe in seinem neuen Zeitalter mehr *cultus* forderte statt *rusticitas*, Freuden statt Pflichten der Venus. Erinnern wir uns, daß er schon in seinen *Amores* erklärt hatte, die junge Verlobte solle seine Gedichte lesen, im Beisein des Bräutigams, *non frigida, nicht kühl*. Er selbst war zur Zeit der Abfassung der *Ars* in dritter Ehe glücklich verheiratet. Und es gab zu dieser Zeit in Rom junge Frauen, die nicht an Wolle und Garn dachten, sondern ihr Liebesleben ganz im Sinne Ovids führen wollten. Die Nichte seines Gönners Messalla, Sulpicia, hat Liebeselegien verfaßt, in denen sie kühn und unbekümmert um die Meinung ihres edlen Onkels und Vormunds ihre Liebe zu einem jungen Mann bekennt:

Endlich nahte die Liebe! Man sollte weit eher mich schmähen,
  Daß ich aus Scham sie verbarg, als daß ich nun sie enthüllt...
Nein, mein «Fehltritt» beglückt! Eine Unschuldsmiene zu zeigen,
  Widert; man wisse: bei Ihm war ich und bin ich wert!

«Was diese Sulpicia sagt, soll und will gehört werden, es ist ein bewußter und gewollter Affront gegen Zeitkonvention und Klischee.» (Otto Seel)[40]

Aber wenn die Liebe bei einem der Partner nun doch nicht ewig anhält? Auch hierfür hat Ovid Ratschläge bereit, und dies sei das Schwierigste, was er zu lehren habe. *Ertrage einen Rivalen mit Geduld, Größeres als dies hat meine Kunst nicht zu bieten.* Ovid erzählt als mahnendes und mythisches Exempel die aus Homer bekannte Geschichte, wie Venus und Mars auf ihrem Liebeslager von Vulcan, dem betrogenen Ehegatten der Liebesgöttin, ertappt, mit einem Zaubergarn gefesselt und dem «homerischen Gelächter» aller olympischen Götter preisgegeben werden.[41] Das hätte Vulcan nicht tun sollen, meint Ovid, denn nun werden die beiden ihr Liebesverhältnis um so ungezwungener fortführen; alle Scham und Rücksicht sind dahin. Ovid fordert Diskretion – kein Nachspionieren, sondern eine «Selbstüberwindung auf Gegenseitigkeit», damit das Spiel und das Leben weitergehen können. Man arrangiert sich, macht kein Drama daraus, auch das gehört zur neuen Zeit. Doch solche Ratschläge waren brisant, seit es die *leges Juliae* gab. Danach war ein Ehemann, dessen Frau

Julia, Tochter des Augustus. Beinerne Spielmarke, vor 2 v. Chr. Alexandria, Griechisch-römisches Museum

sich einen Seitensprung erlaubt hatte, verpflichtet, Anzeige zu erstatten. Auch Dritte konnten dies tun, und Ovid tadelt in seiner mythischen Erzählung den Sonnengott Sol, da dieser die Liebschaft der Venus ihrem Gatten angezeigt hatte. Was war nach dem augusteischen Gesetz die Folge einer solchen Anzeige? Ruiniert waren nicht nur der Liebhaber und die Frau, sondern auch der Ehemann, der seine Gattin vielleicht noch liebte, sie als Mutter seiner Kinder schätzte, und der gute Ruf zweier Familien – war es das wert? Diskretion wird in dieser Lage zu einer hohen Tugend.

Ovid als *doctor obscaeni adulterii* (Trist. II 212), als Ratgeber in schändlichen Ehebruchsangelegenheiten? Wie bei den *Amores*, so regte sich auch jetzt die Kritik. Ovids Antithese *rusticitas – cultus* war im Sinne einer urbanen, konzilianten Haltung statt herber Prinzipienstrenge gemeint; man konnte sie aber auch als Affront gegen die geheiligten und neu zu belebenden Vätersitten auffassen, als Laissez-faire und Dekadenz. Wie immer in einem solchen Fall stellt sich die Frage: Darf man den Dichter so wörtlich nehmen – baut er nicht ein Reich der Kunst und Phantasie auf, in dem alles erlaubt ist? Diese Ansicht vertrat Ovid gegenüber seinen Kritikern, die ihm vorwarfen, sein Werk sei lasziv und unverschämt. Ovid meinte souverän, dahinter stecke nur der Neid. Auch Vergil habe man angefeindet. Und die Elegie verdanke ihm ebensoviel wie das Epos dem Vergil. Zum Epos passen Krieg und Heldentaten, zur Elegie gehören Liebe und Leichtsinn. Er hat der literarischen Gattung ihr Recht gegeben, nur das ist für ihn als Dichter von Belang.

In diesem Sinne äußert er sich in dem Epilog zur *Liebeskunst*, den *Remedia amoris, Heilmitteln gegen die Liebe*, einer amüsanten Selbstparodie, in der er Ratschläge gibt, wie man eine Liebschaft beendet, derer man überdrüssig geworden ist:

Zum Stoffe, den ich wählte, paßt der Muse loses Tändeln;
Sie ist im Recht, und frei geht sie hervor aus allen Händeln.
Remedia 387f. Übers. Otto Mittler

Noch sollte Ovid recht behalten. Der Skandal im Hause des Augustus im Jahre 2 v. Chr., als Julia, das einzige Kind des Princeps, nach den leges Juliae wegen Ehebruchs verurteilt und verbannt wurde, zog ihn nicht in Mitleidenschaft. Offenbar gehörte Ovid, obwohl inzwischen Roms bekanntester Dichter, nicht zum engeren Kreis der Julia. Aber es war noch nicht aller Tage Abend. Später sollte er sich *den nichtsahnenden Lehrer der Liebe, nil metuentem tale magistrum* (Trist. V 12,67f) nennen...

Metamorphosen: Alles verwandelt sich

Mein Geist enthält noch viele neue Gedichte, hatte Ovid selbstbewußt seinen Kritikern gegenüber behauptet.[42] Die römische Liebeselegie hatte er zu ihrem Gipfel und Abschluß gebracht, mit den Versepisteln der liebenden Frauen wurde eine neue literarische Form geschaffen, und auch das Versprechen an die Muse der dramatischen Dichtkunst war mit der *Medea* eingelöst. Aber hatte Ovid nicht bereits neue Versprechen gemacht? In der *Liebeskunst* erzählt er Sagengeschichten, die mit ihren anschaulichen Einzelzügen weit über ein «fabula docet» hinausgehen. Daedalus und Ikarus, Cephalus und Procris, Mars und Venus[43]: Die Gestalten führen ein Eigenleben in der Phantasie des Dichters und fügen sich zu einem mythischen Kosmos zusammen.

Mit 44 Jahren beginnt Ovid sein Hauptwerk, die *Metamorphosen*, Geschichten von Verwandlungen (Metamorphosis – Gestaltwandel) aus der Welt der griechischen Sage. Halbgötter und Menschen verwandeln sich in Bäume, Quellen und Steine, in Tiere, oft in Vögel, oder sie werden unter die Gestirne versetzt. Alte volkstümliche Vorstellungen von einem Pandämonium in der Natur, die in stetem Wandel belebt ist von Wesen aller Art, haben den Glauben an Metamorphosen begründet. Kult- und Lokalsagen erklären Naturerscheinungen oder alte Bräuche als Aitiologien[44] nach dem Prinzip der Verwandlung. «Sieht diese Felskuppe nicht aus wie ein Menschenhaupt?» – «Warum singt jener Vogel so klagend?» Auch die Seele des Menschen, die als Seelenvogel davonfliegt, verkörpert sich aufs neue in Mensch oder Tier, so lehrt es der Glaube von der Seelenwanderung. Und selbst die olympischen Götter ändern ihre Gestalt, wenn sie den Sterblichen nahen. Zeus erscheint seinen Geliebten als Stier, als Schwan oder als goldener Regen. Während die Götter die veränderte Gestalt nur vorübergehend, als Mittel zum Zweck, annehmen, ist die Verwandlung von Menschen und Halbgöttern (wie Berg- oder Flußnymphen) meist eine totale und andauernde Wesensverwandlung. Sie ist ein Schicksal, das die Götter verhängen, sei es zur Strafe, sei es aus Mitleid oder Gunst. Als schicksalhaftes, wunderbares Geschehen, das seine besondere Vorgeschichte hat, ist diese Art der Metamorphose mit Vorliebe dichterisch ausgestaltet worden. Sammlungen von Verwandlungssagen

Titelseite zu: Ovids Verwandlungen.
Kupferstich von H. Benedicti. Wien, um 1780

waren in hellenistischer Zeit besonders beliebt gewesen.[45] Die neoterischen Dichter hatten Kurzepen über Verwandlungssagen verfaßt, in denen die Liebesleidenschaft eine Rolle spielte. Die zugrunde liegenden Sagen waren meist bekannt, und das Interesse konzentrierte sich auf eine extreme Gefühlssituation (z. B. die Liebe der Tochter zum eigenen Vater in der «Zmyrna» von Catulls Freund Cinna), die es psychologisch wie dramatisch darzustellen galt. Längst war ja der Mythos keine Sache des naiven Glaubens mehr; im Walten der Götter offenbarten sich Schicksalsmächte, die das Leben des Menschen bestimmten, und der Austragungsort ihrer Kämpfe war die menschliche Seele, auch damals schon ein «weites Land» (Arthur Schnitzler nach einem Spruch des Heraklit). Es ist verständlich, daß sich Ovid von diesem Genre angezogen fühlte. Psychologisches Einfühlungsvermögen und Sinn für dramatische Wirkung hatte er in seiner Liebesdichtung wie in seinen Heroiden-Briefen bewiesen. Auf knappem Raum und mit sparsamsten Mitteln konnte er Personen und Situationen vor dem Leser lebendig werden lassen, ob es nun ein Tête-à-tête im römischen Zirkus war oder die verlassene Ariadne auf Naxos. Auch die anschauliche Beschreibung von Orten und Gegenden (Ekphrasis) beherrschte er meisterhaft: Mit nur vier Versen ließ er vor dem Leser einen locus amoenus, den heiligen Hain, erstehen.[46] Es mußte ihn reizen, seiner Lust zu fabulieren (*fecunda licentia vatum*) nachgeben zu können und, nicht eingeschränkt auf die kleine Form, ein Welttheater des Mythos zu schaffen.

Von den Gestalten zu künden, die einst sich verwandelt in neue
Körper, so treibt mich der Geist. Ihr Götter, da ihr sie gewandelt,
Fördert mein Werk und lasset mein Lied in dauerndem Flusse
Von dem Beginne der Welt bis auf meine Zeiten gelangen!

Met. I 1 ff. Übers. Hermann Breitenbach

In nova fert animus mutatas dicere formas
Corpora...
Ad mea perpetuum deducite tempora carmen!

Nova – neu: Bevor der Leser oder Hörer das Bezugswort *corpora* aufnahm, verband er unwillkürlich die Neuheit mit dem von den Musen inspirierten Geist des Dichters und war gespannt, welch neuartiges Dichtwerk ihm hier präsentiert werden würde. *Perpetuum carmen* wird es genannt, ein fortlaufendes oder aneinanderreihendes Gedicht. Der Ausdruck erinnerte sogleich an ein Schlagwort der alexandrinischen Dichterschule, die auf die römische Poetik maßgebenden Einfluß ausübte. Ein einheitliches Gedicht größeren Umfangs in epischem Versmaß wurde von Kallimachos, dem «Literaturpapst» der Alexandriner, mit Nachdruck abgelehnt.[47] Nur in der kleinen, sorgsam ausgefeilten Form kann sich der Dichter einen Namen machen, das große Epos ist obsolet. Ovid aber kündigt ein *perpetuum carmen* an, ein Universalgedicht, das von der Entstehung der Welt, also von mythischen Ursprüngen, bis in die Jetztzeit führen soll: Es ist ein Werk aus fünfzehn Büchern – 12000 Verse – mit einer zeitlichen Kontinuität und einem einheitlichen Thema. Ovid läßt damit das alexandrinische Stilideal hinter sich[48] und wagt den Schritt zum Großepos und damit zu den klassischen griechischen Vorbildern. Wie Vergil mit seiner Aeneis das homerische Heldenepos in der römischen Literatur eingebürgert, wie Horaz im Rückgriff auf Archilo-

Hesiod. Aus dem Monnusmosaik von Trier, 3./4. Jh. n. Chr.
Trier, Rheinisches Landesmuseum

chos, Alkaios und Sappho die römische Lyrik zur Klassik erhoben hatte, so wählt sich nun Ovid als sein Vorbild Hesiod, neben Homer der große Ahnherr der epischen Dichtung. Seine «Theogonie» war ein «aneinanderreihendes» Gedicht, das, nicht um einen Helden zentriert, mythische Zeitabläufe und Geschehnisse schilderte. Es handelt von der Entstehung der Welt und der Götter, von Liebesverbindungen der Göttinnen und Heroen, von Frauen aus der Sage, die berühmte Helden zu Söhnen hatten. Das Werk des frühen griechischen Dichters ist bunt und vielfältig – episch-erzählend und lehrhaft zugleich.

Bei Hesoid war im Anfang das Chaos, die «gähnende Leere»; dann entstanden die Erde, Nacht und Tag und der Himmel. Gleichzeitig mit der Erde erscheint Eros als die zeugende Urpotenz, Eros, «der der schönste ist unter den Göttern»[49]. Aus der Hochzeit von Himmel und Erde gehen dann alle Götter und Göttinnen hervor und der Okeanos. Auch Ovids Urgeschichte beginnt mit dem Chaos. Es ist eine rohe, ungeordnete Masse, noch nicht geschieden in Wasser, Luft und Erde, dem biblischen Tohuwabohu vergleichbar. *Nulli sua forma manebat – nichts hatte seine eigene, bleibende Gestalt* (I 17): Das Leitmotiv der Verwandlungen erscheint. Ovid verbindet in seiner Schöpfungsgeschichte naturwissenschaftliche, naturphilosophische und mythologische Gedanken. Das geozentrische Weltbild der antiken Naturwissenschaft mit der Erde, die als Kugel in der Mitte des Alls schwebt, die epikureische Theorie der Atome (*semina rerum*) des Lukrez, der Vorsehungsbegriff der Stoiker (*cura dei –* Pronoia, I 48), die Meeresgöttin Amphitrite, die die Ränder der Erde mit ihren Armen umfaßt, alles verbindet sich zu einem poetischen Ganzen. Die Kosmogonie erreicht ihren Höhepunkt im Wirken eines ordnenden Gottes (*deus*), eines Organisators der Materie, der nicht näher bezeichnet wird.[50] Er wirkt als Geistprinzip zusammen mit einer *melior natura*, einer besseren oder verbessernden Kraft der Natur, scheidet Himmel, Wasser, Erde und Luft, weist jedem seinen Platz an und bindet alles, obwohl örtlich getrennt, in friedlicher Eintracht, *concordi pace*.

Nachdem alle Zonen der Erde mit Tieren bevölkert sind, erscheint der Mensch: *sei es, daß ihn aus göttlichem Samen jener Weltschöpfer formte, der Begründer einer besseren Welt, sei es, daß die Erde, jugendfrisch, erst kürzlich vom hohen Äther geschieden, noch Samen des verwandten Himmels bewahrte.* Prometheus mischt diese Erde mit Wasser und formt daraus den Menschen *nach dem Bilde der alles regierenden Götter* (I 78ff). Auch bei der Entstehung des Menschen verbinden sich naturwissenschaftlich-philosophische und mythologische Vorstellungen. Dies war nicht nur für den Dichter, sondern auch für den Leser durchaus annehmbar. Der gebildete Römer lebte geistig in mehreren Welten. Für sich persönlich akzeptierte er die «moderne» Naturwissenschaft bzw. die naturwissenschaftlichen Erklärungen der Philosophie mit einem höchsten Geisteswesen als einzigem Gott: die theologia naturalis oder rationalis. Er war aber auch in der theologia fabulosa, der mythischen Welt der Götter und Helden, zu Hause, die er in der Dichtung, auf dem Theater und in der bildenden Kunst antraf. In seinem gesellschaftlichen Umkreis richtete er sich nach der theologia civilis, der Staatsreligion mit dem traditionellen Götterkult, den Festen und Opferfeiern.[51] Der Mythos nahm eine Sonderstellung ein, da sich sowohl religiöse als auch wissenschaftliche Phänomene aller Art – physikalische, philosophische und psychologische – in der Form der mythischen Allegorie ausdrücken ließen. Die altüberlieferten Geschichten der Götter und Helden konnten im Lichte der jeweiligen Zeit immer neu ausgelegt und mit speziellen Bedeutungsinhalten versehen werden.

Die Entstehung der Welt und des Menschen ist die erste Metamorphose im Werk Ovids, der Übergang vom Chaos zum Kosmos, von der rohen, ungeordneten Masse zur «schönen Ordnung», die von göttlicher Hand bewirkt wird. Dann folgt der Mythos von den Weltzeitaltern, ein Dekadenzschema der Abfolge des goldenen, silbernen und ehernen Geschlechts bis zum eisernen Zeitalter. Ovid greift damit wieder auf Hesiod zurück, der als erster dieses Grundmodell einer Entwicklungsgeschichte der Menschheit in der griechischen Dichtung dargestellt hatte. *Aurea prima sata est aetas quae vindice nullo ... Zuerst entstand ein goldenes Geschlecht; ohne Richter und Gesetz, aus eigenem Antrieb übte man Treue und Recht.* (I 89f) Die Menschen lebten in ewigem Frühling in behaglicher Ruhe und waren zufrieden mit dem, was die Erde von sich aus bot. Sie sammelten Früchte und Beeren, aber es flossen ihnen auch Ströme von Milch, Nektar und Honig. Als nach Saturn Jupiter die Herrschaft antrat, entstand ein silbernes Geschlecht, weniger gut als das goldene. Jupiter ließ statt des ewigen Frühlings das Jahr nun in den vier Jahreszeiten ablaufen. Die Menschen mußten sich Obdach und Nahrung suchen für den Winter. Sie bauten Hütten und erfanden den Ackerbau, *und es stöhnten die Jungstiere, vom Joch geknechtet* (I 131), erstes Anzeichen für den Eingriff des Menschen in die Natur. Dann folgt ein ehernes Geschlecht, von grimmigerem Sinn. Das letzte Geschlecht aber ist von hartem Eisen. Nun brechen Frevel und Laster ein: Hinterlist und Betrug, Gewalt und die verbrecherische, verhängnisvolle Gier nach Besitz: *amor sceleratus habendi* (I 131), *die Begierde zu haben*, die auch für Vergil das Zeichen eines bösen Zeitalters ist.[52] Bäume werden geschlagen, um mit Schiffen fremde Küsten anzusteuern, der Boden, der früher allen gemeinsam war wie die Luft und das Licht, wird nun vermessen und mit Grenzpfählen versehen. Die Erde aber muß nicht nur geben, was sie schuldig ist, man stößt tief in ihre Eingeweide und gräbt Schätze aus ihrem Innersten hervor, Lockmittel zum Bösen.

Iamque nocens ferrum ferroque nocentius aurum
Prodierat; prodit bellum, quod pugnat utroque.
Schon ist das schädliche Eisen erschienen und schlimmer als Eisen
Gold; nun erscheint auch der Krieg: er kämpft ja mit beiden Metallen.

Met. I 141f[53]

Ovid gebraucht hier wie oft in den *Metamorphosen* eine Form der Wortwiederholung (geminatio, traductio), die zum Wortspiel wird, eine Stilfigur, mit der er einprägsame, mitunter auch ins Manieristische gehende Wirkungen erzielt.[54] Im eisernen Zeitalter zerstören Gewalt und Betrug alle zwischenmenschlichen Beziehungen. Pietas, die fromme Haltung gegenüber Göttern und Menschen, liegt zertreten am Boden, und als letzte der Götter verläßt Astraea (Dike), die Gerechtigkeit, die schuldbeladene Welt.[55] Jupiter aber beschließt voller Grimm, das Menschengeschlecht von der Erde zu tilgen.

Man konnte diese aus Hesiod bekannte Abfolge der Zeitalter auch anders akzentuieren. Der Mangel, der nach dem goldenen Zeitalter herrscht, erscheint bei Vergil als gottgewollt, als Stimulus für die Menschen. Not macht erfinderisch; der labor improbus, die schlimme, unablässige Mühe und Plage, läßt den Menschen zum homo faber werden, der die verschiedenen Kulturtechniken entwickelt: Ackerbau, Jagd, Fischfang, Seefahrt, Eisengewinnung. Auch bei Lukrez und Manilius ist die Menschheitsentwicklung überwiegend positiv gesehen, als eine Geschichte der Kulturentstehung.[56] Warum wählt Ovid, der doch den Fortschritt seines eigenen Zeitalters preist, hier eine kulturpessimistische Deutung des Weltalter-Mythos? Nur aus kompositorischen Gründen, um die folgende effektvolle Schilderung der Sintflut zu begründen?

Auch der Mythos von den Weltaltern ist bei Ovid eine Metamorphose. Umgekehrt wie bei der Weltentstehung wird hier die Erde wieder zum Chaos: Die friedlich und genügsam lebenden Menschen des goldenen Zeitalters entarten zu einem harten Geschlecht, das gewalttätig und böse wird. Die Erde, die einst von sich aus den Lebensunterhalt bot, wird jetzt aus Habgier unerbittlich und unersättlich ausgebeutet. Doch was man ihr entreißt, dient nur zu Unheil und Zerstörung. *Der Krieg schwingt mit blutiger Hand die klirrenden Waffen. Man lebt vom Raub. Nicht ist der Freund sicher vor dem Freund, nicht der Schwiegervater vor dem Schwiegersohn, selbst unter Brüdern ist Eintracht selten. Der Gattin trachtet der Mann nach dem Leben und diese dem Gatten. Tödliche Gifte mischen abscheuliche Stiefmütter, und vor der Zeit macht der Sohn sich Gedanken, wie lange sein Vater noch zu leben hat.* (I 143 ff. Übers. Gerhard Fink) Eine solche Auflösung von Sitte und Moral hatten Ovids Eltern erlebt: in den Bürgerkriegen, vor allem während der Proskriptionen (43/42 v. Chr.), als ein Familienmitglied das andere ans Messer lieferte, sei es aus Habgier oder um die eigene Haut zu retten. Auch Ovid wußte um diese Entartung der Zeit, die im allgemeinen Bewußtsein eingebrannt war und über die Horaz so bewegt Klage geführt hatte.[57] Verwandlung, Metamorphose, ist Ovids Thema, und die geschichtliche Welt nimmt an diesem Gestaltwandel teil. Am Schluß des Werks wird Augustus erscheinen, auf den in der Person Jupiters zu Anfang schon hingedeutet wird, als der Friedensbringer. Unter ihm als Schirmherrn genießen die Menschen die überreiche Huld und Gunst der Götter (Met. XV 758f). Er ist es, der, wie Vergil kündet, Rom das Goldene Zeitalter wiederbringt, der custos rerum, der Wächter der Welt, des Horaz.[58] Die Kosmogonie wie auch der Weltalter-Mythos weisen auf den Schluß des Werks voraus und bilden mit diesem den Rahmen der *Metamorphosen*. Vom Chaos zum Kosmos und von Regel- und Maßlosigkeit wieder zu Frieden und Ordnung führt Ovid sein großes Gedicht, das als Universalepos die mythische und die geschichtliche Welt bis zur Gegenwart umfaßt und deutet.

Aus Empörung über die abgrundtiefe Schlechtigkeit der Menschen des eisernen Zeitalters beruft Jupiter (wie Zeus bei Hesiod) eine Götterversammlung auf den Olymp, den Ovid den Palatin des Himmels nennt.[59] Der erzürnte Jupiter, der sich bei einem Besuch auf der Erde einem Mordanschlag ausgesetzt sah, will die Menschheit im Feuer vernichten.

Deukalion und Pyrrha nach der Sintflut. Fresko von Hermann Postumus, 1542. Landshut, Stadtresidenz

Doch um keinen allgemeinen Weltenbrand zu verursachen, wie er im Buche des Schicksals für das Ende der Zeiten verkündet ist[60], beschließt er eine andere Strafe. Er schickt eine Sintflut, die das Menschengeschlecht ertränkt. Nur zwei Menschen überleben in einer Arche, das gottesfürchtige Ehepaar Deukalion und Pyrrha. Auf ihr Flehen erhalten sie von der Göttin Themis das Orakel, sie sollten die Gebeine der großen Mutter hinter sich werfen. Gemeint sind die Steine, und aus diesen ersteht ein neues Menschengeschlecht.[61]

Darum sind wir ein hartes Geschlecht, das der Mühen gewohnt ist,
Und wir bekunden noch deutlich den Stoff, aus dem wir entstanden.

Met. I 414f

Die übrigen Geschöpfe bringt die Erde durch Urzeugung selbst hervor, unzählige Arten, darunter den riesigen Drachen Python. Diesen erlegt Apollo mit seinen Pfeilen und stiftet zum Gedenken seiner Tat die Pythien, die heiligen Spiele in Delphi. Die Sieger wurden dort mit Kränzen aus Eichenlaub gekrönt, noch gab es keinen Lorbeer. Die Erwähnung des Lorbeers, griechisch Daphne, leitet über zur ersten der vielen berühmten Liebes- und Verwandlungssagen.

Daphne und Apollo (I 452–567)

Apollo verliebt sich in die schöne Nymphe Daphne, die Tochter des Fluß-
gottes Peneios (in Thessalien). Der Pfeil Amors hatte ihn getroffen. Als
Apollo den Knaben Amor mit Pfeil und Bogen hantieren sah, hatte er
ihm, stolz auf seine Bezwingung des Pythondrachens, den Umgang mit
«seiner» Waffe untersagen wollen. Der Sprößling der Venus aber bewies
Apollo, daß er ein ebenso treffsicherer Bogenschütze war. Der Übergang
von der neuen Weltschöpfung zu Apollos Liebe und der Wirksamkeit
Amors scheint unvermittelt, ist aber wohlüberlegt. Die Aitiologie des
Lorbeers ist nur die äußere Verknüpfung. Ovid zeigt an, daß er in der
Nachfolge Hesiods und seiner «Theogonie» steht. Dort waltet zu Anfang
der Welt Eros, die Liebe, die Götter und Menschen bezwingt, als das
schöpferische Urprinzip. Mit der Gegenüberstellung Apollos und des
Liebesgottes, der Patrone des epischen Verses und der Liebeselegie, sagt
Ovid zugleich: Ich dichte zwar nun das früher verschmähte Epos in Hexa-
metern, aber Amor bleibt die treibende Kraft – eine Verschmelzung der
Welten von Epos und Elegie. So gebührt Amor gleich zu Anfang sein

Apollo tötet den Pythondrachen. Kupferstich von Johann Wilhelm Baur, um 1641.
Aus der Ovid-Ausgabe Augsburg 1681

Auftritt. Wie könnte er seine Macht besser zeigen als durch den Sieg über den hoheitsvollsten, geistigsten aller olympischen Götter? In *saeva Cupidinis ira*, dem wilden Zorn Cupido-Amors (I 453), klingt auch bereits, humorvoll gefärbt, der Götterzorn an, im folgenden neben der Liebe ein gewichtiges Thema.

Zwei Pfeile hat Amor entsandt, der eine entzündet, der andere vertreibt die Liebe. Der erste traf Apollo bis ins Mark, der andere aber ließ die Nymphe fliehen vor seiner Liebe. Daphne wollte für immer Jungfrau

Apollo und Daphne. Gemälde von Antonio Pollaiuolo
(ca. 1429–98). London, National Gallery

Die beiden Lorbeerbäume des Augustus. Denar, 27 v. Chr. Privatbesitz

bleiben und als Jägerin durch die Wälder streifen – ein vergeblicher Wunsch. Das Liebeswerben Apollos und die Verwandlung Daphnes werden in bewegten Szenen dargestellt. Die Nymphe flieht in eiligem Lauf, mit wehendem Haar und flatternden Gewändern, hinter ihr her läuft Apollo und kommentiert die Schönheit der Geliebten: das Haar (*«Wenn es erst noch frisiert wäre!»*), die Arme und Schultern und alles, was nur zu ahnen ist. Die humoristische Wirkung wird noch gesteigert durch die Paradoxie, daß der Heilgott sich selbst nicht helfen kann (weil gegen die Liebe kein Kraut gewachsen ist) und der Sehergott nicht weiß, daß ihm Erfüllung versagt ist. So ernst ist die Liebe, sagt Ovid damit gleichzeitig, daß sie aus dem erhabenen Phoebus Apollo einen schmachtenden Jüngling macht. Als Daphne die Kräfte versagen, betet sie zu ihrem Vater, dem Flußgott, er möge die allzu begehrte Gestalt durch Verwandlung vernichten.[62] Sogleich überzieht sich ihre Brust mit feiner Rinde, die

Haare wachsen zu Blättern, die Arme zu Zweigen, das Haupt wird zum Wipfel, die Füße verwurzeln sich im Boden. Was bleibt ist der Glanz der Schönheit. Apollo aber, nun wieder ganz der anmutig-hoheitsvolle Gott, wie er von seinen Kultbildern bekannt ist, weiht seine Liebe dem Lorbeer. *«Du sollst als Baum für immer zu mir gehören, mein Haar schmücken und auch die Führer von Latium zieren, wenn sie im Triumphzug zum Kapitol hinaufziehen. Vor den Türen des Augustus wirst du als treue Hüterin stehen. Und wie mich immer der jugendliche, ungeschorene Schmuck der Locken umgibt, so sollst auch du beständig die Pracht deines Laubes tragen!»* So spricht Apollo, und zustimmend bewegt der Baum sein Wipfelhaupt.

Die Daphne-Geschichte ist gleich zu Anfang ein Beispiel für den Reichtum der ovidischen Gestaltungskunst[63], vor allem für das Ausmalen von Szenen mit einem wechselnden Stimmungshintergrund. Der heiter-frivole Ton beim «Liebeslauf» würde, als Daphne erschöpft die Flucht aufgibt, zum Zynismus werden. Die Verwandlung im letzten Augenblick hebt die Beziehung des Gottes und der Nymphe – die Beziehung des Mannes zur Frau – auf eine höhere Ebene. Ovid ist nicht nur der Meister des frivolen Raffinements.[64] Daphne wollte für immer in der Einsamkeit der Wälder leben – Ovid läßt die Verse aus dem Artemis-Hymnus des Kallimachos anklingen, in denen die Göttin Artemis diesen Wunsch ihrem Vater Zeus gegenüber äußert.[65] Doch was für Artemis die angemessene Existenz ist, hätte für Daphne ein Verharren in einem jugendlichen Entwicklungsstadium bedeutet. Nach der Verwandlung wird ihr von Apollo eine Aufgabe in der Gemeinschaft zugewiesen. Sie schmückt die Sieger bei den Wettspielen, die Dichter als die Schützlinge des Musengottes, und in Rom wird der Siegeslorbeer die höchste Zierde sein. Daphne wird auch die sichtbare Verbindung zu Augustus darstellen, in den beiden Lorbeerbäumen, die auf dem Palatin vor dessen Haus stehen.[66] Mit Apollos Schlußwort *perpetuos honores* (die Auszeichnung des immergrünen Laubes) wird das Wesen dieser Metamorphose hervorgehoben. Daphne ist nicht mehr nur eine einzelne, auf sich beschränkte Person, sie ist *perpetua*, für immer überall lebendig, jeder Lorbeerbaum ist Daphne.

Und ihre Geschichte ist eine jener Mythen, mit denen Ovid ein Schatzhaus «unendlicher Geschichten» begründete. Jede Zeitepoche versuchte sie neu zu deuten. Für die Kirchenväter war Daphne die keusche Jungfrau, die durch ihre sittliche Kraft über die Mächte dieser Welt triumphiert und ewiges Leben, den immergrünen Lorbeer, gewinnt. Im Mittelalter entsteht daneben die Version von Daphne als der *prudentia*, der göttlichen Weisheit, der Apollo, das heißt der Christ, nachjagt, um durch sie sein Seelenheil zu gewinnen. In der Renaissance ist Daphne, lat. *laurea*, der Dichterlorbeer, der die Person des weltlichen Dichters ins Göttlich-Erhabene erhöht (so bei Boccaccio). Petrarca, auf dem Kapitol in Rom zum *poeta laureatus* gekrönt, hatte noch eine besondere Beziehung zum Lorbeer. Seine geliebte Laura blieb ihm unerreichbar, aber er gewann durch seine Gedichte auf sie, den «Canzoniere», den Dichterlorbeer. Das Verwandlungsmotiv verlangte geradezu nach einer Umsetzung ins Musikalische. «Dafne» von Jacopo Peri, 1594 in Florenz uraufgeführt, steht am Anfang der Operngeschichte. «Dafne» war auch die erste deutsche Oper, von Heinrich Schütz 1627 auf einen Text von Martin Opitz komponiert. Auch Händel hat 1708 den Stoff vertont. 1938 schrieb Richard Strauss auf ein Libretto von Josef Gregor seine «Daphne», mit dem großen Schlußmonolog der sich verwandelnden Daphne: «Ich komme, grünende Brüder!» In der Dichtung hat Rilke das bei Ovid angeschlagene Thema der Verwandlung und Weiterentwicklung in seinen «Sonetten an Orpheus» aufgenommen: «Wolle die Wandlung.../Was sich ins Bleiben verschließt, schon ist's das Erstarrte; ...Und die verwandelte Daphne/ will, seit sie lorbeern fühlt, daß du dich wandelst in Wind.»[67]

Mit dem Daphne-Mythos eröffnet Ovid den Reigen seiner Verwandlungsgeschichten. Es sind etwa 250, und man fragt sich, wie es dem Dichter gelungen ist, sie alle zu einem Ganzen zu verbinden. Die Gliederung und Untergliederung der Teile, die thematische Verknüpfung und die Technik der Übergänge: die daran sichtbare Gestaltungskunst Ovids verdient ebensoviel Interesse wie seine unsterblichen Geschichten.[68] Das Werk ist in größere Erzählkomplexe unterteilt, die in sich wieder nach Themen oder Motiven gegliedert sind. Wie schon im Prooemium angekündigt, gibt es ein zeitliches Kontinuum: zunächst die Urzeit mit der Erschaffung der Welt und der Menschen, der Sintflut und der «Menschheit aus Stein» (I 5–451). Dann folgt als Hauptteil die mythische Zeit der Götter und Helden. Sie beginnt mit Apollos Erlegung des Erddrachen Python und bringt die Urmacht des Amor ins Spiel. Die Liebe der Götter zu Nymphen und sterblichen Frauen leitet als Thema von Daphne zu Jupiter und seinen Geliebten über, zu Io, Callisto, Europa und Semele. Io wird in eine Kuh verwandelt, Callisto gehört zum jungfräulichen Gefolge Dianas und wird, als ihre Schwangerschaft entdeckt ist, von Diana verstoßen und von der eifersüchtigen Juno in eine Bärin verwandelt. Sie darf als Sternbild der Bärin (des Großen Bären) schließlich zum Himmel aufsteigen. Diese Thematik der Götterliebe bleibt nicht die einzige. Europas Bruder Cadmus gründet auf der Suche nach seiner von Jupiter entführten Schwester die Stadt Theben, die Heimat vieler Mythen, die nun erzählt werden. Teils handeln sie von Abkömmlingen des Cadmus, wie Actaeon, seinem Enkel, oder Semele, seiner Tochter, teils sind sie verknüpft mit Tiresias, dem berühmten Seher von Theben, und seinen Weissagungen. Hierher gehören der Mythos von Narziß und Echo und als größerer Komplex die Geschichten um Bacchus-Dionysos, den in Theben geborenen göttlichen Sohn der Semele, und den thebanischen König Pentheus. Dieser erleidet als Verächter des Gottes, die Seherprüche des Tiresias mißachtend, seine Strafe.

Entdeckung des Fehltritts der Callisto. Gemälde von Luca Cambiaso, um 1570. Staatl. Kunstsammlungen Kassel, Schloß Wilhelmshöhe

Die thebanischen Geschichten begründen eine neue, genealogische Gliederung. Das Schicksal des Cadmus und seiner Nachkommen hat die Thematik Götterliebe abgelöst bzw. ist aus ihr hervorgegangen. Innerhalb dieses genealogischen Zusammenhangs findet sich jedoch noch eine innere Verknüpfung, das Motiv des verhängnisvollen Sehens[69], das für Actaeon, Semele, Narziß und Pentheus gilt. Was sie sahen, brachte ihnen Verderben, und Tiresias, der Blinde, ist der einzige «Sehende» unter ihnen. Dieses Motiv ist verbunden mit dem Komplex von Schuld und Sühne, von göttlicher Strafe und dem Prinzip des rächenden Ausgleichs gegenüber dem Menschen, der willentlich oder unwissentlich seine Grenzen überschritten hat. Eine solche «doppelte Motivierung» zeigt sich an Pentheus. Als Sohn eines Cadmus-Gefährten und als König von Theben gehört er in die genealogische Abfolge der thebanischen Mythen, er wird aber zugleich innerhalb der Bacchus-Geschichte als Verfolger des Gottes zum exemplum für menschliche Überhebung und göttliche Strafe. Das Thema Bacchus und Theben hat sich mit dem Komplex «Schuld und Sühne» verbunden und wandert so weiter: Auch die Töchter des Königs Minyas in Böotien verweigern dem neuen Gott Bacchus die Ehren. In einer Spinnstube sitzen sie beieinander zur «Sonntagsarbeit», statt an den Kultfeiern teilzunehmen, und erzählen sich Geschichten von Verwandlungen. Ovid bringt zur Entspannung des Lesers eine bunte Folge von Mythen, wie die des unglücklichen Liebespaares Pyramus und Thisbe aus Babylon, den Vorläufern von Romeo und Julia. Verfeindeten benachbarten Elternhäusern entstammend, gestehen sie sich durch einen Spalt in der Mauer hindurch ihre Liebe. Schließlich verabreden sie sich zur Flucht. Auf Grund eines Mißverständnisses hält Pyramus die Geliebte für das Opfer eines Löwen; er nimmt sich daraufhin das Leben. Die zu spät eintreffende Thisbe (sie hatte sich vor dem Löwen verborgen) stürzt sich ins Schwert des Geliebten, und vom Blut bespritzt färbt der Maulbeerbaum zu Häupten der Toten seine Früchte rot. Die Eltern gönnen den Liebenden ein gemeinsames Grab.[70] Auch die schon in der *Liebeskunst* behandelte Geschichte von Mars und Venus findet sich hier. Mit dem Spinnen der Minyas-Töchter nimmt es indes ein böses Ende: Sie werden in Fledermäuse verwandelt. Der Triumph des Bacchus ist nahezu vollständig, nur König Akrisios von Argos widersteht ihm noch; auch er stammt aus dem gleichen Geschlecht wie Pentheus. Er glaubt nicht, daß Bacchus ein Gott sei; und er glaubt auch nicht, daß sein eigener Enkel Jupiters Sohn sei, Perseus, den seine Tochter Danaë im goldenen Regen empfangen hat und dessen Geschichte nun angeschlossen wird. Aus den Lüften herbeifliegend, mit dem Haupt der Medusa ausgerüstet, befreit er Andromeda, die, an einen Felsen gefesselt, einem Drachen geopfert werden sollte...

In dieser Weise verknüpft Ovid seine Geschichten und geleitet den Leser durch sein weites Land der Phantasie. Die Handlung führt immer wieder zu Haltepunkten mit typischen Erzählsituationen, etwa einem Gastmahl, wie beim Flußgott Achelous (VIII 546 ff), wo wir von Philemon und Baucis hören. Auch die Person eines Helden dient zur Verknüpfung, wie im Falle des athenischen Heros Theseus, der als Sohn des Medea-Gatten Aigeus am Ende der Medea- und Argonauten-Geschichte steht. Als Teilnehmer an der Kalydonischen Jagd bietet er Gelegenheit, dieses berühmte Gemeinschaftsunternehmen der griechischen Heroen zu schildern. Hierbei interessiert sich Ovid nicht für die Hauptereignisse, die Jagd auf den riesigen Eber, dessen Tötung durch Meleager und den dar-

Pyramus und Thisbe. Gemälde von Johann August Nahl d. J., um 1790. Staatl. Kunstsammlungen Kassel, Neue Galerie

aus entstehenden Streit mit tödlichen Folgen. Bei ihm steht, wie so oft, eine extreme Gefühlssituation im Mittelpunkt, der Zwiespalt der Althaea, der Mutter Meleagers, die Blutrache üben muß für ihre getöteten Brüder – der Täter ist ihr eigener Sohn.

Immer wieder sind es Frauen, die, wie schon in den Heroiden-Briefen, in einem Zwiespalt zwischen *furor* und *ratio*, Leidenschaft und Vernunft, Trieb und Norm, vorgestellt werden[71]: Skylla, die dem geliebten Landesfeind Minos die belagerte Heimatstadt öffnet und ihren Vater opfert, Byblis, die ihren Bruder, Myrrha, die ihren Vater begehrt, Iphis, die, als

Die gefesselte Andromeda. Gemälde von Allessandro Turchi, um 1630–40. Staatl. Kunstsammlungen Kassel, Schloß Wilhelmshöhe

Knabe aufgezogen, ein Mädchen liebt.[72] Hier wird in bisher verborgene Seelenbereiche hineingeleuchtet, was zu der Frage führt: Wieviel ist «natürlich», wieviel ist Konvention bei jenem komplexen Gefühlsbereich, den man Liebe nennt? Ovids Kunst und seine Persönlichkeit lassen – trotz scharfer Ausleuchtung jenes «weiten Landes» der Seele – seine Heldinnen niemals zu einem Fall in einer «Psychopathologia sexualis» werden. Bei der Inzestliebe der Myrrha fehlt der «Milderungsgrund», den der Mythos bereithielt: Venus habe, so heißt es, wegen einer Mißachtung erzürnt, die widernatürliche Liebe verursacht.[73] Bei Ovid ist es Myrrha selbst, die, von einer kupplerischen Amme unterstützt, die verhängnisvolle Erfüllung ihrer verbotenen Leidenschaft sucht und findet. Schwanger vom eigenen Vater irrt sie dann durch die Lande, bis sie erschöpft niedersinkend die Götter um Vergebung ihrer Schuld und um die Gnade einer Verwandlung anfleht. *Die Bekennenden erhört eine Gottheit; jedenfalls fand ihr letzter Wunsch gnädige Götter.* (X 488 f) Sie wird in einen Myrrhenbaum verwandelt, in dessen Harz ihre Tränen fließen, und aus

Venus und Adonis. Gemälde von Louis de Silvestre, vor 1722. Staatl. Kunstsammlungen Dresden

dem Baum wird ein wunderschöner Knabe geboren, Adonis, der spätere Geliebte der Venus. Als Adonis von einem wilden Eber getötet wird, trauert die Göttin um ihn. Nun merkt man, daß Ovid das Motiv vom Zorn der Venus, die Myrrha die Leidenschaft eingab, sehr wohl kannte – daß er es nur aussparte, um Myrrha als selbständig Handelnde und Fühlende auftreten zu lassen. Muß nicht Venus jetzt nach dem Gesetz des Ausgleichs selbst durch die Liebe leiden? Wird nicht der junge Adonis mit Cupido-Amor, dem Sohn der Venus, verglichen, um an das Inzestmotiv zu erinnern?[74] Solche geheimen Bezüge finden sich zahlreich in Ovids Werk; sie gehören zu den Mitteln seiner Kommunikation mit dem Leser.

Als eine Gnade erscheint die Verwandlung auch in einem anderen Fall, bei Hercules auf dem Berge Oeta (IX 134ff). Nur sein sterbliches Teil wird von den Flammen des Scheiterhaufens verzehrt; wie sein Vater Jupiter verkündet, wird Hercules zu den Göttern eingehen. Seine Verwandlung wird zur Apotheose, und diese Gottwerdung des Helden, der zum

Wohle der Menschheit so viele Mühen auf sich nahm, deutet durch das Wort *augusta*: *Ehrfurcht erheischt die erhabene Würde* (IX 270) voraus auf die Apotheose Caesars und die zu erwartende Vergöttlichung seines Sohnes Augustus (Buch XV).

Der Schauplatz der letzten, noch nachgetragenen Taten des Hercules ist Troja, seine Kriegskameraden Peleus und Telamon sind die Väter der Helden des Trojanischen Kriegs. Mit ihrer Generation schließt Ovid in Buch XI die zweite große Epoche seines Weltgedichts ab. Auf die Urzeit war die mythische Zeit gefolgt, die schließlich von der geschichtlichen Zeit abgelöst wird. Sie beginnt mit dem als historisch angesehenen Trojanischen Krieg und umfaßt die Schicksale der Helden nach Ilions Fall, Aeneas' Fahrten nach Westen, seine Ankunft in Latium und die Frühzeit Roms.

In diesem letzten Drittel seiner *Metamorphosen* tritt Ovid in den Themenkreis der Odyssee und der Aeneis ein. Er konnte auf Leser rechnen, die ihren Homer und Vergil kannten und sich nun bereitwillig auf Seitenpfade des Mythos führen ließen. So vermeidet Ovid «Konkurrenzfassungen», bringt Bekanntes nur im Zeitraffer und verweilt in den Troja-Büchern XII–XIII bei vor- und nachhomerischen Ereignissen[75] wie Achills Kampf mit Cygnus oder der Auseinandersetzung des Aias und Ulixes (Odysseus) um die Waffen des Achill, die zu einem rhetorisch-psychologisch meisterhaften Rededuell ausgestaltet werden (XIII 1–383). Auch in seinem «Aeneis-Teil» (XIII 623ff) geht Ovid kurz über vergilische Stationen hinweg, hebt weniger bekannte Sagenstränge hervor oder stattet Personen mit eigenen Zügen aus.[76] Der einstige Tragödiendichter offenbart sich in den großen, gefühlsbeladenen Monologen der trojanischen Königstochter Polyxena, die am Grabe Achills geopfert wird, und ihrer Mutter Hecuba, die angesichts ihres Schicksals in grimmiger Logik alle vor ihr Getöteten aus ihrer Familie glücklich preisen kann (XIII 457ff). Hier befindet sich eine Nahtstelle zwischen augusteischer und kaiserzeitlicher Literatur: Die ins grell Pathetische gesteigerten Schmerz- und Leidenschaftsszenen der trojanischen Königin deuten voraus auf die exzessive Gefühlsstimmung im Epos des Lucan und in den Tragödien des Seneca.

Mit Aeneas nach Italien kommend, folgt Ovid dem troischen Heros vom griechischen Süden nach Latium und fügt seinem Werk immer mehr italische Züge ein. Über Aeneas' Kriegstaten geht Ovid kurz hinweg, schildert dann die Apotheose des Helden, auf die Vergil nur vorausdeutend Bezug nimmt, und kommt schließlich zur Frühzeit Roms. Die «ovidische Aeneis» wird immer wieder aufgelockert durch Einzelgeschichten, wie das heitere Verwandlungsspiel der ländlichen italischen Gottheiten Vertumnus und Pomona (XIV 623f). Von einem Nachlassen der dichterischen Erfindungs- und Schöpferkraft Ovids in diesem römischen Teil wird man nicht sprechen können[77] – höchstens von nachlassender Aufmerksamkeit von seiten des modernen Lesers.

Vertumnus und Pomona. Radierung von Pablo Picasso, 1930

Die Römerhelden Aeneas und Romulus erleben eine Metamorphose
in Form einer Vergöttlichung. Dann folgt mit Romulus' Nachfolger Numa
ein neuer Höhepunkt. Numa, das Urbild eines weisen und gerechten Königs[78], wird von Ovid nach Unteritalien gesandt, wo der große Weise
Griechenlands, Pythagoras aus Samos, im Exil lebt (XV 60f).[79] Dieser
kennt die Ursprünge aller Dinge, die Entstehung des Weltalls und das
Wesen der Gottheit und lehrt die Menschen seine Weisheit. Ovid legt ihm
einen langen Lehrvortrag in den Mund, die berühmte Pythagoras-Rede
(XV 75–478), deren Funktion im Ganzen nicht übersehen werden darf.
Vergils Aeneis zeigte Rom als Erbin östlicher Macht, ist doch Aeneas,

sein Gründervater, gewissermaßen der Rechtsnachfolger Trojas. Er steigt in die Unterwelt hinab, um aus dem Mund seines Vaters Anchises über das künftige Rom, seine Geschichte und Herrschaft, belehrt zu werden. Ovids Römerkönig Numa reist hinab nach Großgriechenland, um sich von dem Weisen und Universalgelehrten Pythagoras das geistige Erbe Griechenlands übertragen zu lassen. Es ist keine persönliche, sondern eine symbolische Begegnung, nicht mit dem historischen Samier, sondern mit einem Mann, der als der Philosoph schlechthin galt und der zugleich als angebliche Wiederverkörperung des Trojaners Euphorbos [80] in die Linie Troja-Rom gehört. Numa tritt eine Katabasis an wie Aeneas, und es wird auch ihm die künftige Größe Roms geweissagt, als eine Metamorphose von kleinsten Anfängen zur Größe (XV 434: *formam mutat*). Eingeweiht in die griechische Weisheit kehrt Numa dann zurück und lehrt sein kriegsgewohntes Volk die Künste des Friedens. Auch Weisheit und Wissenschaft gehören zu den Künsten des Römers – man denke an die berühmten Verse der Aeneis [81] –; für Ovid stehen sie, 30 Jahre nach Actium, sogar im Vordergrund.

Die Rede des Pythagoras beginnt mit einem flammenden Appell zur Vermeidung der Fleischnahrung. Die Pythagoreer [82] glaubten an die Seelenwanderung und verboten daher den Fleischgenuß. Bei Ovid bekommt dieses Gebot einen humanen, auf alle Mitgeschöpfe bezogenen Ton. Schrecklich ist es, sich am blutigen Fraß zu laben, den treuen Ochsen, den Arbeitskameraden des Feldes, zu erschlagen, das blökende Lamm von der Mutter zu reißen. Welch ein Frevel, sich an einem anderen Lebewesen zu mästen und diese Schuld auch noch den Göttern aufzuladen – als freuten sie sich am Mord ihrer Geschöpfe! [83] Wer mit dem Töten und dem Fraß von Tieren begann, der bereitete auch dem Verbrechen unter Menschen die Bahn (XV 463 ff). In die Welt der *Metamorphosen*, in der sich Menschen in Tiere verwandeln, fügt sich ein solcher Aspekt passend ein. Das Wesen der Verwandlung kann aber noch weiter gefaßt werden, im Sinne jenes bekannten Wortes des Heraklit: Panta rhei, alles fließt, alles ist in beständigem Wandel, im Zu- und Abnehmen, Entstehen und Vergehen begriffen. Auch diese griechische Weisheit vertritt Pythagoras hier (XV 177 ff):

Es ist nichts auf der Welt, das Bestand hat!
Alles ist fließend... Wie immer die Wellen sich treiben –
Jede, die kommt, wird gestoßen und stößt auf die Welle, die vor ihr
Fließt – so fliehen die Zeiten zugleich und folgen zugleich sich...
Cuncta fluunt... sed ut unda impellitur unda...
Tempora sic fugiunt pariter pariterque sequuntur...

Im Fluß der Sprache mit den vielen u-Lauten und der Wortverdoppelung bildet sich das ewige Dahinfluten und Vor- und Zurückschwingen ab.

Apotheose des Augustus. Relief, 1. Jh. n. Chr. Ravenna, Museo Nazionale

Auch der Mensch ist dem steten Wandel unterworfen, rasch geht sein Weg vom hilflosen Säugling zum kraftlosen Greis. Mit Tränen sieht Milon, der «stärkste Mann der Welt», auf seine einst herkulischen Arme, und weinend erblickt Helena im Spiegel die Runzeln des Alters. Alles wandelt sich, aber die Natur schafft stets wieder Neues. Nichts geht unter, die Summe allen Seins bleibt erhalten (XV 258). Eine tröstliche Aussicht auf ein ewiges Stirb und Werde, das den Menschen die Todesfurcht nehmen soll. Pythagoras verkündigt hier auch die Weisheit des Epikur, und Ovid wandelt auf den Spuren des Lukrez.[84] Mit seiner naturphilosophischen Erörterung greift Ovid zurück auf den Anfang seines Werkes: *Nichts behält seine Gestalt. Nulli sua forma manebat – Nec species sua cuique manet.* (I 17 – XV 252) Aus einer Fülle von Einzelzügen, philosophischen Gedanken aller Art schafft Ovid ein Ganzes, dem er sein dichterisches Siegel aufdrückt mit jenen knappen Zeilen von Milon und Helena, zwei Menschen, die die gefräßige Zeit, *tempus edax rerum*, am eigenen Leibe erleben...

Mit Caesars Apotheose und einem Ausblick auf seinen Sohn Augustus beschließt Ovid die historische Zeit seines Epos. So wie Jupiter die drei

Regionen des Weltalls regiert, so ist Augustus die Erde untertan, beide sind sie Vater und Lenker, *pater et rector* (XV 859f).[85] Und der Dichter bittet die Götter, er möge den Tag nicht mehr erleben, an dem Augustus die Erde verläßt, um zu den Himmlischen einzugehen.

Man hat vielfach geglaubt, daß sich hinter diesen Huldigungen bei Ovid eine mehr oder weniger versteckte Kritik verberge, Ironie oder gar eine «antiaugusteische Tendenz»[86]. Dies setzt voraus, daß Augustus eine solche «Vergötterung» verlangt habe, was aber keinen Anhalt findet in den antiken Quellen, etwa Sueton oder Cassius Dio oder im zeitgenössischen Münzbild.[87] Ein Augustus, der sich als gottähnlicher Herrscher ansah, hätte sich bei der Abfassung seiner Res gestae, seines Tatenberichts, in seinem letzten Lebensjahr nicht – für die Mitwelt recht unglaubwürdig – als Princeps der Bürgerschaft stilisiert, sondern in den Formen der hellenistischen Herrscherideologie.

Es liegt näher, in der Panegyrik der römischen Dichter ein literarisches Element zu konstatieren, einen Topos aus der auch sonst als Vorbild geltenden alexandrinischen Dichtung. Theokrit und Kallimachos preisen ihren Landesherrn Ptolemaios und huldigen der Königin Berenike, indem sie beide zu den Göttern erheben – die natürlich keine von numinosem Schauder umwehte Gottheiten sind, sondern recht menschlich gesehen werden. Das bei aller «Verhimmelung» spielerische Element, das auch bei Ovid spürbar ist, zum Beispiel in der Caesar-Apotheose, gehört als Ausdruck einer urbanen Haltung zur alexandrinischen Dichtung. Zum Beispiel wird die musische Königin Berenike von Kallimachos als vierte den drei Grazien zugezählt – diese Huldigung wird in scherzhaftem Ton vorgetragen.[88] Bei Theokrit ist in seinem Lob des Ptolemaios eine protreptische Tendenz nicht zu verkennen: Wer so als göttergleicher Musenfreund gepriesen wird, muß doch, in jedem Sinne, etwas für den Poeten übrig haben . . . Und die römischen Dichter, die von Vergil über Horaz bis zu Manilius Augustus preisen, da er der Welt den Frieden gebracht habe, meinen damit auch: ‹Beherrsche du nur die Welt, trage Sorge, daß uns, den Dichtern, unser otium erhalten bleibt, daß wir ungestört unsere dichterische Welt erbauen können.› Insofern enthalten die panegyrischen Äußerungen der Dichter in der Tat einen Nebensinn, der freilich nicht politisch oder «antiaugusteisch» ist, sondern ihrem dichterischen Selbstgefühl Ausdruck gibt. So bildet der Lobpreis des Augustus bei Ovid auch nicht den Abschluß des Werks, sondern eine Brücke zum Himmel für den Dichter selbst. Nur wenn er den Princeps ins Göttliche erhöht, kann sein eigener Ruhm göttergleich leuchten (XV 871ff):

Iamque opus exegi, quod nec Iovis ira nec ignis
Nec poterit ferrum nec edax abolere vetustas . . .
Ore legar populi, perque omnia saecula fama,
Siquid habent veri vatum praesagia, vivam.

Inspiration des Ovid: Die Muse reicht Ovid eine Feder aus dem Flügel Amors.
Titelkupfer von Noël Lemire zu: Les Métamorphoses d'Ovide, Paris 1762

Nun habe ich ein Werk vollendet, das nicht Jupiters Zorn, nicht Feuer, nicht Eisen, nicht das nagende Alter wird vernichten können. Wann er will, mag jener Tag, der nur über meinen Leib Gewalt hat, meines Lebens ungewisse Frist beenden. Doch mit meinem besseren Teil werde ich fortdauern und mich hoch über die Sterne emporschwingen; mein Name wird unzerstörbar sein, und so weit sich die römische Macht über den unterworfenen Erdkreis erstreckt, werde ich vom Munde des Volkes gelesen werden und, sofern an den Vorahnungen der Dichter auch nur etwas Wahres ist, durch alle Jahrhunderte im Ruhm fortleben. (Übers. Michael von Albrecht)

Die Vergottung Caesars war nicht die letzte Metamorphose des Werks. *Cedant carminibus reges regumque triumphi – es sollen den Liedern die Könige und die Triumphe der Könige weichen*, hatte schon der junge Dichter der *Amores* kühn behauptet.[89] Am Schluß des großen Epos steht die Apotheose des Dichters selbst, dessen Name dauern wird, unzerstörbar sogar von allen Weltkatastrophen, die Ovid zu Anfang der *Metamorphosen* aufgezählt hatte: die Sintflut, die Jupiters Zorn schickt, jenes noch zu erwartende Weltenfeuer, die Unbill des eisernen Zeitalters oder der Zahn der Zeit. Auch er, Ovid, hat ein Denkmal geschaffen, dauernder als Erz, wie es Horaz von sich verkündet hatte, und er nimmt das stolze Wort aus seinen *Amores* auf: *vivam – ich werde leben.* Er hat sein Ziel erreicht, das er sich als junger Dichter gesteckt hatte. Jener ewige Ruhm (*fama perennis*) ist ihm nun sicher, und nicht nur die Liebenden werden ihn lesen, sondern alle: *ore legar populi.*

Ein Gewebe aus alten Geschichten

Eine *fama perennis, dauernden Ruhm*, hat Ovid in der Tat gewonnen, vor allem durch seine unsterblichen Geschichten, die seine *Metamorphosen* zum Schatzhaus für die abendländische Dichtung, Kunst und Musik werden ließen. So bietet sich ein Rückblick an auf einige der bekanntesten Stücke, die bis in unsere Zeit nachgewirkt haben. Für diese gilt: «Wenn die Antike lebt... dann am stärksten wohl dort, wo sich Motive des antiken Mythos zu Symbolen verdichtet haben, wo diese zu Chiffren werden, die etwas zum Menschen seit jeher Gehörendes andeuten.» (Friedrich Maier) Die Auswahl umfaßt die Geschichten von Phaëthon, Narziß und Echo, Actaeon, Arachne, Niobe, Die lykischen Bauern, Philemon und Baucis, Daedalus und Icarus, Orpheus und Eurydice.[90]

Phaëthon (I 750 – II 400)

Ovid läßt seine mythische Zeit mit Geschichten von Götterliebe beginnen. Nach Apollo und Daphne wird das Geschick der Io geschildert, der Geliebten Jupiters. Dieser verwandelt sie in eine Kuh, um sie dem Argwohn der eifersüchtigen Juno zu entziehen. Juno aber treibt die unglückliche Io über die Erde, bis Jupiter sie schließlich in Ägypten zurückverwandelt. Sie genießt nun am Nil göttliche Ehren[91], ebenso wie ihr Sohn Epaphus. *Ihm gleich an Wesen und Alter war Phaëthon, der Sohn des Sol, der sich einmal rühmte im Stolz auf seinen Vater Phoebus und dem Epaphus nicht nachstehen wollte. Der war nicht gewillt, dies hinzunehmen: «Du glaubst deiner Mutter töricht alles und spielst dich auf mit einem erlogenen Vater!»* (imagine genitoris falsi, I 753f) Phaëthon[92] wird rot vor Scham und Ärger und bestürmt seine Mutter Clymene, ihm einen Beweis für seine Abkunft zu geben (*meque adsere caelo – erhalte mir meinen Anspruch auf den Himmel*, I 761). Die Mutter schwört ihm, daß der Sonnengott sein Vater sei. Er könne selbst zum Aufgang der Sonne hinaufsteigen und den Vater befragen.

Für den Übergang von der Io- zur Phaëthon-Geschichte, der als recht äußerliche Verknüpfung getadelt wurde, gilt Ovids Wort: *Ars adeo latet* arte sua – Daß es Kunst war, verdeckte die Kunst (X 252, von der lebensechten Statue des Künstlers Pygmalion gesagt). Nach der Liebesgeschichte Jupiter-Io wird die nächste Götterliebe, Apollo (Sol) und Clymene, nach dem Prinzip der variatio nur in der Rückblende erwähnt, innerhalb der Geschichte des Sohnes. Im Verlauf der Handlung wird klar, daß es hier um ein neues Thema geht, um das Problem der Identität[93], das dann mit Narziß weitergeführt wird. Es wird jedoch bereits eingeleitet bei Io, die hier nicht wie in der Tragödie, in Aischylos' «Prometheus», von einer Bremse gejagt, sondern vom Wahn der Verzweiflung über ihre verlorene menschliche Gestalt umhergetrieben wird. Nur vorsichtig und zögernd tastet sie sich bei ihrer Rückverwandlung in ihre neue – alte – Gestalt, in ihre Identität zurück.

Bei Phaëthon ist das Problem seiner Identität mit dem Bild (*imago*) des Vaters verknüpft. Phaëthon steigt hinauf zur Sonnenburg (*Regia Solis*), die Ovid kunstvoll in ihrer Pracht beschreibt, und trifft dort seinen Vater, den Sonnengott, der ihn als seinen Sohn begrüßt. Er bekräftigt seine Vaterschaft und gibt dem Sohn zur Besiegelung seiner Worte einen Wunsch frei. Dieser will einen Tag lang den Sonnenwagen des Vaters mit den feurigen Rossen über den Himmel lenken. Den Vater reut sein Versprechen, solch ein Wunsch ist töricht und unbesonnen.

Sors tua mortalis, non est mortale, quod optas –
Sterblich zu sein, ist dein Los. Unsterblichen ziemt, was du wünschst!

(II 56)

In einer langen Rede versucht der Sonnengott, seinem Sohn das unsinnige Unternehmen auszureden. Nicht einmal die anderen Götter, Jupiter eingeschlossen, können den Sonnenwagen übers Firmament lenken, die ungebärdigen, geflügelten Feuerrosse auf ihrer Bahn halten, dort oben in schwindelnder Höhe, und der Kreisbahn der Fixsterne mit Kraft entgegenlenken. Als der Sohn uneinsichtig schweigt, holt Sol zu immer neuer Argumentation aus. *Du willst ein sicheres Pfand meiner Vaterschaft? Du hast es in meiner Angst um dich. Sieh mir ins Angesicht! Ach, könntest du mir nur ins Herz blicken und meine Vatersorge erkennen! Laß ab von deinem Wunsch! Ich gebe dir alles, was es Schönes auf der Welt gibt – fordere doch keine Strafe!* Doch auch dieser letzte, menschlich so rührende Appell ist wirkungslos. Phaëthon wünscht sich ja gerade keinen «menschlichen» Vater! Alles, was Sol über die Gefahren gesagt hat, bestärkt den Jüngling nur in seinem Vorhaben. Wenn er wirklich der Sohn des Sonnengottes ist und seinen Namen Phaëthon zu Recht führt, dann muß er – als Probe auf seine Identität – den Sonnenwagen fahren.

. . . er widersetzt sich den Worten,
Klammert sich fest an den Vorsatz und brennt vor Begier nach dem Wagen.
. . . flagrat cupidine currus. (II 104)

71

Sturz des Phaëthon. Fresko von Johann M. Franz, 1768. Eichstätt, Stadtresidenz

Die «brennende Begierde» wird ihn verbrennen.[94] Sol muß sich auf letzte Weisungen bezüglich des Fahrtweges beschränken, darunter der berühmte Spruch: *medio tutissimus ibis – in der Mitte wirst du am sichersten gehen* (II 137). Phaëthon darf weder zu hoch in den Äther fahren noch zu nahe an die Erde herankommen. Freudig ergreift der Jüngling die Zügel und die Fahrt beginnt. Die Sonnenrosse spüren sogleich das ungewohnt leichte Gewicht, das den Wagen tanzen läßt, und gehen durch. Phaëthon bekommt Angst, er kann die scheuenden Rosse nicht auf den richtigen Weg zurücklenken – er kennt ihn nicht, und er kann auch die Pferde nicht bändigen. Sie rasen durch die Himmelsgegenden und erhitzen die Sternbilder des Nordhimmels. Phaëthon blickt hinab zur Erde, Angst und Schwindel ergreifen ihn.

Ut vero summo despexit ab aethere terras
Infelix Phaëthon penitus penitusque patentes,
Palluit...
Wie aber Phaëthon gar, der unselige, hoch von dem Himmel
Unten die Länder erblickte, die tiefer und tiefer sich dehnten,
Wurde er bleich... (II 178ff)

Jetzt reut es ihn, daß er die Erfüllung seiner Bitte ertrotzte. Selbst die Bestätigung seiner göttlichen Abkunft ist ihm nicht mehr wichtig. Wie er sich den Sonnenwagen wünschte, so wünscht er sich nun gerne, Sohn seines sterblichen Stiefvaters zu sein. Die rasende Fahrt mit dem hilflosen Lenker und den durchgehenden Feuerrossen entfacht schließlich einen Weltenbrand. Es dampft und qualmt das Himmelsgewölk und es brennt die Erde. Ein Flächenbrand breitet sich aus, der Wälder vernichtet, Flüsse und Seen vertrocknen läßt, Städte zerstört und ganze Landstriche zur Wüste macht (damals sollen die Bewohner von Äthiopien und Libyen dunkelhäutig geworden sein und der Nil hat seine Quellen verborgen). Auf den Appell der leidenden Erdmutter Tellus entsendet Jupiter seinen Blitz und bändigt das Feuer durch Feuer. Phaëthon wird, vom Blitz getroffen, auf die Erde geschleudert. Der Fluß Eridanus, weit im Westen – man hat ihn schon in griechischer Zeit mit dem Po identifiziert – wäscht ihm das Antlitz und die Flußnymphen begraben ihn. Sie setzen ihm einen Grabstein mit der Inschrift:

Phaëthon ruht allhier, der den Wagen des Vaters regierte.
Meistern konnt' er ihn nicht und stürzte. Doch groß war sein Wagnis.

(II 327f)

Die Schwestern Phaëthons, die Heliaden (‹Sonnentöchter›), kommen und klagen unablässig um den Bruder, bis sie in Pappeln verwandelt werden, wie sie noch heute die Ufer des Po säumen. Ihre Tränen, das Baumharz, werden von der Sonne zu Bernstein gehärtet.[95] Phaëthons Freund Cycnus strömt seine Klagen am Eridanus aus und wird in einen Schwan verwandelt.

Trotz dieser angefügten Verwandlungen bleibt die Frage: Warum steht im Mittelpunkt dieser längsten aller ovidischen Geschichten keine Metamorphose? Phaëthon wurde in anderen Sagenversionen[96] mit dem Sternbild Auriga: Fuhrmann, Wagenlenker, gleichgesetzt. Auch Ovid kennt diese «Verstirnung» des Phaëthon. In seinen *Amores* werden die Schwestern genannt, die *für dich, Auriga, Bernsteintränen weinen.* Immer wenn Ovid einen überlieferten Sagenzug ausspart, geht es ihm darum, einen eigenen Blick auf den Mythos zu ermöglichen. So bei Myrrha (vgl. S. 60f), deren erotische Passion keine gottgesandte Verstrickung ist, sondern die in ihrem Innern den Kampf zwischen Verlangen und Vernunft ausfechten muß. Auch der junge Phaëthon muß sich diesem Widerstreit stellen. Sein Vater übernimmt den Part der ratio, er den der cupido, der Begierde. Nicht umsonst trägt er den Namen, der auch Beiname des Sonnengottes selbst ist. Er streitet also mit seinem alter ego und müßte diesen Streit im Sinne seiner Identitätsfindung so beenden, daß beide Namen übereinstimmend zu ihrer Einheit zusammentreten (Helios Phaëthon bei Homer). Nicht wenn er den Sonnenwagen fährt, erlangt Phaëthon seine

Phaëthon. Radierung von Pablo Picasso, 1931

Identität, wie er fälschlich meint, denn er bleibt auch als Sohn des Sol ein Sterblicher (*sors tua mortalis* II 56). In der geglückten Identifizierung mit seinem sterblichen Los hätte er einen besonneneren Wunsch äußern (*sed tu sapientius opta!* II 102) und ein ehrenvoll-bestätigendes väterliches Geschenk entgegennehmen müssen. Damit hätte er die Wandlung zum seiner selbst bewußten Erwachsenen vollzogen. Ist die Phaëthon-Geschichte also die einer nicht geglückten Metamorphose, die vom Leser weiter- und zu Ende gedacht werden muß? Bei Daedalus und Icarus sowie Orpheus und Eurydice wird sich diese Frage erneut stellen. Auf jeden Fall wird deutlich, daß Ovid nicht wie seine hellenistischen Vorgänger Verwandlungsgeschichten aneinanderreihen wollte, sondern daß ihn hinter den Geschichten verborgene, psychologische Phänomene reizten.

Der Mythos von Phaëthon und dem Weltenbrand galt schon in früher Zeit als Aitiologie für eine irdische Katastrophe. In Platons «Timaios» wird von Phaëton im Zusammenhang mit dem Untergang von Atlantis berichtet, und heute vermutet man, daß sowohl die Sage von Atlantis als auch der Mythos von Phaëton die Geschehnisse um den Ausbruch des Vulkans von Santorin (Thera) widerspiegeln.[97] Lukrez erwähnt den Phaëton-Mythos, um davon ausgehend seine Erklärung eines möglichen Weltuntergangs durch das Feuer anzuschließen. Magnanimus, den hochherzigen, heldenmütigen Jüngling, nennt er Phaëton[98], und in diesem durchaus positiven Sinn ist auch die Grabschrift bei Ovid formuliert. So konnte Phaëton bei Seneca geradezu als Vorbild des Weisen gelten, der den steilen Weg zur Tugend hinanstrebt und es stolz verschmäht, sich auf dem sicheren, mittleren Weg zu halten.[99] Diesen Sinn hatte auch das Deckengemälde in Neros Goldenem Haus, das Helios-Sol im Strahlenkranz und vor ihm den bittenden Phaëton zeigte. Mit dem Blick auf seinen Sturz sind dagegen die Deckengemälde in den Residenzen neuerer Zeiten zu verstehen: als Mahnung der Herrscher an sich selbst, nicht der Hybris zu verfallen.[100] In allerjüngster Zeit hat der Mythos eine neue, bestürzende Aktualität erhalten. Diejenigen, die sich das Himmelsfeuer ausgeborgt haben, können, wenn sie den sicheren Weg außer acht lassen, einen Weltenbrand entfachen, in dem alles zugrunde geht, nachdem die Klagen der Mutter Erde ungehört verhallt sind.

Narziß und Echo (III 339–512)

Der blinde Seher Tiresias prophezeit, daß der wunderschöne Knabe Narcissus ein langes Leben haben werde, *wenn er sich nicht selbst erkennt* (III 348): einer jener paradoxen Sehersprüche («Erkenne dich selbst» hieß die Forderung Apollons in Delphi), die schließlich auf unerwartete Weise Erfüllung finden. Den heranwachsenden schönen Jüngling begehren Mädchen wie junge Männer, doch in seinem zarten Körper wohnt hartherziger Hochmut (*dura superbia*). Die Nymphe Echo sieht Narziß im Wald beim Jagen und verliebt sich in ihn. Von Juno bestraft, weil sie Jupiters Liebesabenteuern Vorschub leistete, kann sie nur noch Gehörtes nachreden, und so entspinnt sich ein eigenartiger «Dialog» zwischen der Nymphe und dem Jüngling, der sein Jagdgefolge im Wald verloren hat und ruft: *Ist jemand hier? – Hier!* Als aber die Nymphe, die seine Worte auf sich bezieht, herbeieilt und Narziß umarmen will, flieht dieser und ruft, er wolle eher sterben als ihr gehören. Liebe erscheint ihm als Selbstaufgabe. Die verschmähte Echo zieht sich ins Waldesinnere zurück; der Kummer zehrt sie auf, bis schließlich von ihr nur noch die Stimme übrigbleibt.

Es war wohl Ovid selbst, der in seinem Interesse für Seelenzustände die Geschichten von Echo und Narziß verbunden hat. Beide besitzen keine vollentwickelte Identität und keine Möglichkeit zu echter Kommunika-

Narziß.
Zeichnung
von Salvador Dalí,
1962

tion; die Nymphe ist nur Widerhall und Narziß «sieht» nur sich selbst, insofern passen sie im Negativbild zueinander. Die schroffe, ablehnende Haltung gegenüber Echo dient als Beispiel dafür, wie sich der Jüngling allen gegenüber verhält, die ihn lieben, und als Motivierung des Folgenden. In seiner Abwehr jeglicher Liebesbindung, verbunden mit Stolz und Selbstgefälligkeit, erregt Narziß Anstoß. Einer der Abgewiesenen betet zur Göttin der Vergeltung: So soll es Narziß selbst ergehen, auch er soll, was er liebt, nie besitzen! Die Göttin erhört das Gebet. Nach dem Grundsatz der Talion wird Gleiches mit Gleichem vergolten werden. Wie in der Daphne-Geschichte ist zu beachten, daß die Zeit kein Ideal der Jungfräulichkeit kannte; das Beharren in der Unberührtheit wird vielmehr als Einseitigkeit, Beziehungslosigkeit und mangelnde Bereitschaft zur Weiterentwicklung gesehen.[101]

Fons erat – Da war eine lautere Quelle, wie Silber glänzte ihr Wasser; zu ihr drangen nicht Hirten noch auf Bergen weidende Ziegen noch anderes Herdenvieh. Kein Vogel, kein Wild hatte je sie getrübt, kein Ast, vom Baum gefallen. Gras wuchs rings um sie, genährt vom nahen Naß, und ein Wald, der sie vor jedem wärmenden Strahl der Sonne beschirmte. Hier sank, vom

Jagdeifer und von der Hitze ermattet, der Jüngling nieder, angezogen vom Reiz des Ortes und von der Quelle. Seinen Durst will er löschen, allein ein anderer Durst entbrennt in ihm, denn beim Trinken berückt ihn der Anblick seiner schönen Gestalt, er verliebt sich, doch körperlos ist der Gegenstand seiner Hoffnung, was ihm Körper scheint, ist ja nur Wasser! (III 407 ff. Übers. Gerhard Fink)

Der schattige Rasenplatz am Wasser für ermüdete Jäger ist ein beliebter Topos, ein locus amoenus.[102] Doch diese Quelle ist kein einladender Lustort; von nichts und niemand berührt, bietet sie das passende Spiegelbild für den spröden Narziß. Indem er nur sich selbst liebt, gibt es für ihn keine Grenze von Subjekt und Objekt, was Ovid in virtuosem Wechselspiel von Aktiv und Passiv vorführt: Liebender ist er und Geliebter, der

Narziß an der Quelle. Gemälde von Caravaggio, um 1598. Rom, Galleria Nazionale

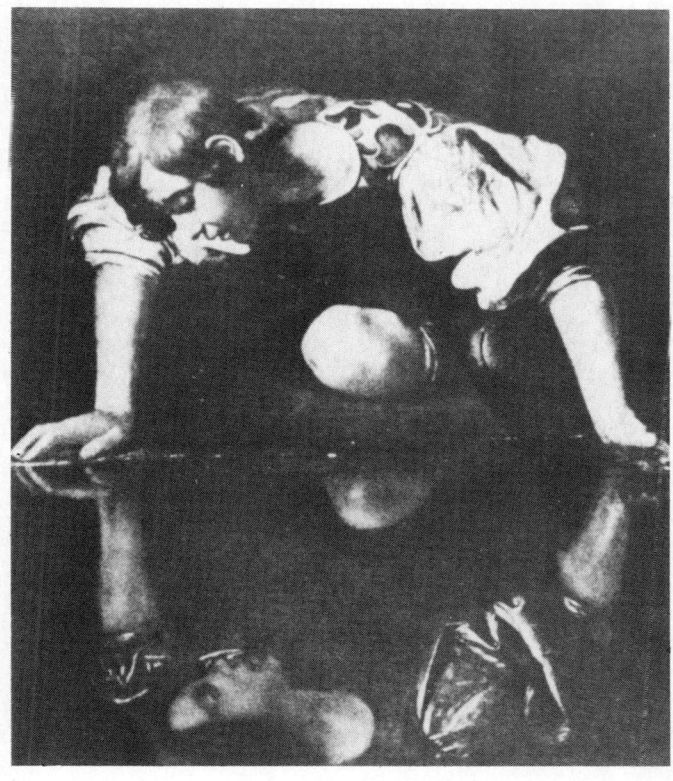

Sehnende und der Ersehnte. Narziß ist *imprudens, töricht*, wie der junge Phaëthon, der auch seine Identität nicht erkannte. Im Widerstreit zwischen furor und ratio sprach bei ihm der Sonnengott als alter ego seine Mahnungen aus. Bei Narziß ist es der Dichter selbst, der ihn über seine Sinnestäuschung belehren und zur Vernunft bringen will. Aber Narziß hört und sieht nichts – außer sich selbst. Jetzt möchte er sich gern hinschenken, aber er kann es nicht. Auch als er schließlich seines Irrtums inne wird, vermag er sich nicht zu lösen. Er schwindet an Kummer über die Unerreichbarkeit seiner Liebe dahin. Die Selbstliebe führt zur Selbstzerstörung.

Wie sehr hier bei Ovid das Psychologische, ja Psychopathologische im Vordergrund steht, zeigt der Vergleich mit einer ähnlichen Geschichte von einem schönen Knaben, der sich über den Wasserspiegel beugt und sein Spiegelbild bewundert. Es ist Hylas, der Liebling des Hercules. Er wird von den Nymphen, die sich in ihn verliebt haben, in die Wassertiefe hinabgezogen. Properz hatte das Verschwinden des Hylas in einem Gedicht behandelt, und Ovid spielt darauf an. Doch was dort spielerische Züge sind, eine Märchengeschichte, wird hier zu einem psychopathologischen Phänomen.[103] Narziß endet in einem «autoerotischen Paroxysmus» (Heinrich Dörrie), und statt seiner findet sich nur noch eine Blume, die Narzisse. Sie liebt das Wasser, pflanzt sich ungeschlechtlich fort und strömt einen betäubenden Duft aus (‹Narkose›).

Das Motiv der Selbstliebe und des Scheinbildes ist immer wieder aufgegriffen worden. In der neuplatonischen Philosophie der Spätantike wird Narziß mit dem «Unphilosophischen» verglichen, der das Trugbild der sinnlichen Dinge für das Wahre hält. Wenn er sich an irdische Schönheit klammert, wird er in geistige Finsternis versinken.[104] Das Thema der Selbstliebe ließ sich auch positiv verstehen. Seit dem Sturm und Drang und der Romantik verband man mit Narziß die Gestalt des Künstlers, dessen Subjektivismus für sein Schaffen notwendig ist, im Übermaß aber zu unproduktiver Selbstbespiegelung führen kann. In seiner Schrift «Zur Einführung des Narzißmus» (1914) verwandte dann Sigmund Freud den Begriff innerhalb seiner Libidotheorie und gab ihm die entscheidende Prägung. Freud unterscheidet einen primären Narzißmus – das notwendige narzißtische Stadium des kleinen Kindes, das alles auf sein Ich beziehen muß – und den sekundären Narzißmus, der auftritt, wenn beim Heranwachsenden keine Beziehung zur Außenwelt aufgebaut wird. Dann bleibt der Mensch auf sich selbst fixiert, was schwere Störungen in der Persönlichkeitsstruktur hervorruft. Aus dem individualpsychologischen Bereich ist der Begriff in neuerer Zeit in einen gesellschaftspolitischen Rahmen gestellt worden. Erich Fromm spricht vom Gruppennarzißmus, wenn ganze Gruppen oder Völker sich selbst als einziges Subjekt sehen und keine Objektbeziehungen zu anderen Völkern und Gemeinschaften aufbauen wollen oder können. In jüngster Zeit wurde der Narzißmus zum

Schlüsselbegriff für eine moderne, bindungslose oder bindungsscheue Gesellschaft. Ihr Kennzeichen ist der Rückzug des einzelnen in die eigene Innerlichkeit, teils beklagt als egoistische Verweigerung gesellschaftlicher Pflichten, teils verteidigt als notwendiges Kräftesammeln angesichts globaler Bedrohungen und Verunsicherungen.

Actaeon (III 131–255)

Die Geschichte des jungen Jägers Actaeon, des Enkels von König Cadmus, gehört zum thebanischen Zyklus; wie bei Narziß findet sich hier das «Motiv des verhängisvollen Sehens». Actaeon hat reiche Jagdbeute gemacht und entschließt sich daher, schon am Mittag aufzuhören und die Jagd erst am nächsten Tag wieder aufzunehmen. Er und seine Gefährten trennen sich zur Rast im Wald. *Vallis erat – da war ein Tal*, so beginnt Ovid seine Beschreibung eines idyllischen Orts, eines waldigen Tals mit einer Grotte und einer Quelle, die der Göttin Diana heilig ist. Sie kommt, um zu baden, übergibt ihren Nymphen Waffen und Gewand und netzt sich mit dem Wasser. Da tritt Actaeon, durch unbekanntes Waldgebiet schweifend, nichtsahnend hinzu und erblickt die Göttin beim Bade.

Die Verwandlung des Actaeon. Fresko von Hermann Postumus, 1542. Landshut, Stadtresidenz

Diana errötet vor Scham, obwohl sie sogleich von den Nymphen schützend umdrängt wird, und gerät dann in maßlosen Zorn. Da sie ihre Pfeile nicht zur Hand hat, besprengt sie Actaeon mit Wasser und sagt: «*So, nun erzähle, du habest mich ohne Gewand gesehen – wenn du noch erzählen kannst!*»

Sie verwandelt Actaeon in einen Hirsch. Der Unglückliche spürt die Verwandlung, denn er behält sein menschliches Bewußtsein.[105] Während er noch überlegt, was er tun soll, erspähen ihn die Hunde, seine eigene, führerlose Meute, charakterisiert durch einen langen Katalog von drohenden Hundenamen (*Packan, Spürnase, Tigerin*). Paradoxie und tragische Ironie auf dem Höhepunkt: Actaeon flieht als Hirsch, der Jäger wird zum Gejagten. Die Meute ist heran, die Hunde stürzen sich auf den Hirsch und zerfleischen ihren eigenen Herrn. Da erst soll, wie Ovid distanzierend hinzufügt, Dianas Zorn gesättigt gewesen sein. Und es gab, so fügt er hinzu, unterschiedliche Meinungen über diese göttliche Rache. Für eine ungebührlich harte Strafe hielten sie die einen, die anderen billigten die Strenge, mit der die Göttin ihre Jungfräulichkeit verteidigt habe. Der Dichter selbst hat schon zu Anfang erklärt, daß sich Actaeon der Göttin gegenüber keines Verbrechens oder Frevels (*scelus*) schuldig gemacht habe, es sei nur ein *error*, ein Irrtum, ein Versehen, gewesen. Aber Ovid beginnt seine Geschichte eines Jagdtags mit dem Blick auf einen Berg, der getränkt ist vom hingeschlachteten Wild (*infectus caede ferarum*, III 143). Und Actaeons erste Worte sind: *Netze und Waffen triefen vom Blut des Wildes, der Tag hat genug Jagdbeute* (*fortuna*) *gebracht.* War es nicht sogar zuviel? Fortuna, das Schicksalsgesetz, führt den Ausgleich herbei. Der Jäger wird zur Beute, es geschieht Talion, das heißt: Der Täter muß erleiden, was er dem Opfer zugefügt hat. Die Hunde, die ihren Herrn hetzen, tun nicht nur ihr Werk, zu dem sie abgerichtet sind, sie zerreißen vielmehr die Beute. Jedem jagderfahrenen Leser mußte dies auffallen, zumal er zuvor Namen und Abstammung der Elitehunde vernommen hatte. Sie, die Tiere, töten den, der zu viele der Ihren tötete.

Ovid verzichtet hier auf den Sagenzug, daß Diana die Hunde toll machte.[106] Aus der Sage war Actaeon als ein dem Hochmut Verfallener bekannt. Er wurde verwandelt und bestraft, weil er sich rühmte, ein besserer Jäger als Artemis zu sein, oder weil er die Göttin gar besitzen wollte. Bei Ovid ist er unschuldig-schuldig: Zu spät und vergebens will Actaeon dem Wandel des Schicksals vorbeugen, indem er die Jagd abbricht. Eben dadurch führt ihn sein Geschick zu dem verhängnisvollen Ort: *sic illum fata ferebant* (III 176). Das Thema Götterzorn und göttliche Strafe wird hier äußerst differenziert im Sinne einer Tragödie gestaltet, eine variatio zu anderen Geschichten des gleichen Themas, in denen die Hybris, die Überhebung des Menschen, die Götter offen herausfordert.

Arachne und Minerva. Fresko von Hermann Postumus, 1542. Landshut, Stadtresidenz

Arachne und Niobe (VI 1–145; VI 146–315)

Ovid hat die Geschichte der beiden Frauen verbunden, um zu zeigen, daß übersteigertes Selbstbewußtsein, Hybris, keineswegs nur in Königspalästen gedeiht, sondern in der menschlichen Natur angelegt ist (das «Seinwollen wie Gott» in der Bibel). Arachne stammt von einfachen Leuten ab, doch ist sie durch ihre Kunst im Weben und im Verfertigen von Bildteppichen so berühmt, daß alle Leute zu ihr kommen, um ihr zuzusehen, sogar die Nymphen. Pallas (Minerva) selbst, die Patronin der weiblichen Kunstfertigkeit, muß ihre Lehrmeisterin gewesen sein! Doch Arachne lehnt es ab, jemandes Schülerin zu sein: *«Die Göttin soll selbst kommen und sich mir zum Wettstreit stellen!»* Minerva kommt, als alte Frau verkleidet, und mahnt das junge Mädchen, sich der Göttin unterzuordnen und sie für ihre überheblichen Worte um Verzeihung zu bitten. Schroff fährt Arachne die Greisin an, beleidigend weist sie ihre Ratschläge zurück. *«Warum weicht die Göttin einem Wettstreit aus? Warum kommt sie nicht selbst? – Cur non ipsa venit?»* – *«Venit!»* ist die Antwort: *Sie ist schon da.* Dieser denkbar knappe Dia-

Arachne wird von Minerva unter Mithilfe Hecates in eine Spinne verwandelt. Fresko von Hermann Postumus, 1542. Landshut, Stadtresidenz

log ist ein Musterbeispiel für die kunstvolle Handhabung der Sprache mit einfachsten Mitteln, hier nur durch die Verschiebung der Vokallänge. Auf die schnippische Frage mit dem kurzen Vokal und der Endbetonung *venit?* folgt das langgezogene, bedrohlich klingende *vēnit!*. Die Göttin zeigt sich in ihrer wahren Gestalt, alle fallen vor ihr nieder, nur Arachne bleibt unbeugsam. Der Wettstreit beginnt. Beide weben einen Bildteppich.

Und sie erzählen in ihren Geweben Geschichten der Vorzeit (VI 69) – ein Bild für Ovids eigene Erzählkunst.[107] Minerva stellt den berühmten Wettstreit zwischen ihr und Neptun (Poseidon) dar, der um den Besitz von Attika und die beste Gabe für das Land ging. Athene-Minerva siegte mit dem Geschenk des Ölbaums. In erhabener Versammlung (*augusta gravitate*, VI 73) sind die Götter als Schiedsrichter anwesend. Arachne aber fügt Geschichten von Götterlieben aneinander: Europa und der Stier, Leda und der Schwan, Danaë und der goldene Regen, Episoden, deren Ausmalung das jungfräuliche Auge der Göttin beleidigen muß. Ihr Bildteppich ist so kunstvoll gewebt, daß aller Neid und Minerva selbst nichts zu tadeln finden. Die Göttin aber, ergrimmt über das Meisterstück, zerreißt das Gewebe und schlägt Arachne mit dem Weberschiffchen ins Gesicht. Diese nimmt einen Strick, um sich zu erhängen. Da hat Minerva Mitleid. Leben soll sie fortan – und hängen. Minerva läßt sich von der Göttin Hecate ein Zaubermittel bringen und verwandelt Arachne in eine Spinne (aranea, frz. araignée). Sie übt also ihre Webekunst auch weiterhin aus. Furchtbar straft die Gottheit jeden, der die Grenzen der Sterblichen überschreitet und sich mit den Göttern messen will, so lehrt es der Mythos.

Ovids «Arachne» ist darüber hinaus eine Charakterstudie. Sie hat ihr Können und ihre Kunst zur Vollkommenheit gesteigert, zur seelenlosen Perfektion.[108] Kalt und beleidigend weist sie die alte Frau zurück und mißachtet so die letzte Warnung zur Menschlichkeit. Durch ihre Strafe wird der Ausgleich wieder hergestellt, das eherne Gesetz, das sie (ähnlich wie Actaeon) verletzt hatte. Wer die Geschichte heute hört, wird daran denken, daß der Mensch, für den die Leistung oberstes, ja einziges Lebensprinzip ist, sich selbst dazu verurteilt, ein Roboterdasein zu führen. Ein positives Künstlerbild zeichnet Ovid dagegen in der Episode von Pygmalion (als Komödie von G. B. Shaw und als Musical «My Fair Lady» bekannt). Pygmalion betet fromm zur Göttin Venus und wird von dieser erhört: Seine Mädchenstatue wird lebendig (X 243 ff).

Arachnes Schicksal ist bald in aller Munde. Niobe aber, die Arachne aus ihrer Heimat gekannt hat – beide stammen aus dem lydisch-phrygischen Raum Kleinasiens –, Niobe läßt sich dadurch nicht mahnen. Sie ist ebenso hochmütig wie ihr Vater Tantalus, der die Götter versuchte, stolz auf ihre vornehme Herkunft, ihren Reichtum und ihre Machtstellung als Königin von Theben, vor allem aber auf ihre Kinder, sieben Söhne und sieben Töchter. *Man hätte sie die glücklichste aller Mütter nennen können, wenn sie sich nur nicht selbst dafür gehalten hätte* (VI 155 f), sagt Ovid vordeutend. Die Seherin Manto, Tochter des Tiresias, ruft die Frauen von Theben zu einer Festfeier der Göttin Latona auf (Leto-Latona, Mutter der Götterzwillinge Apollo und Diana, der Kinder des Jupiter). Da erscheint Niobe in einem pomphaften Auftritt wie eine orientalische Fürstin. Sie äußert Ärger und Zorn über ihre Untertanen, die eine so mindere Göttin verehren wie jene Latona, die mit bloß zwei Kindern ihr gegenüber geradezu *eine Kinderlose, orba* genannt werden könne (ein ominöses Wort). Sie dagegen, Niobe, sei weit eher eine Gottheit, die Weihrauch verdiene. Und sie zählt die Gründe für ihren Stolz, ihre *superbia*, auf: alle ihre Glücksgüter, die Verwandtschaft mit den Göttern, M a c h t - f ü l l e und R e i c h t u m, die K i n d e r, dazu bald noch Schwiegerkinder. *Ich bin glücklich – ich werde auch glücklich bleiben. Sicher macht mich die Fülle. Größer bin ich, als daß Fortuna mir schaden könnte. Mag sie mir auch vieles entreißen, so muß sie mir doch noch mehr lassen. Also fort von den Opfern für diese Latona!* (VI 193 ff) Die gekränkte Göttin führt Klage bei ihren Kindern: *Orba, kinderlos*, hat Niobe sie genannt – möge dieses Schicksal sie selbst treffen! Die göttlichen Bogenschützen Apollo und Diana rächen die Mutter. Die sieben Söhne, die sich gerade bei Sport und Spiel tummeln, fallen einer nach dem anderen den Pfeilen zum Opfer.[109] Niobe aber erhebt sich an den Leichen zu neuem Trotz: Noch immer übertrifft sie Latona! Da richten die Götter die Pfeile auch auf die Töchter, sechs von ihnen sinken tot nieder. Niobe deckt die Jüngste mit ihrem Leib und ruft zur Göttin, ihr wenigstens die eine, die Kleinste, zu lassen:

Unam minimamque relinque! ...
Dumque rogat, pro qua rogat, occidit. Orba resedit
Exanimes inter natos natasque virumque
Deriguit malis ...
Während sie fleht, stürzt jene, für welche sie fleht, und verwaist jetzt
Sinkt sie zwischen die Leichen der Söhne, der Töchter, des Gatten.
Und sie erstarrt vom Leid ... (VI 299 ff)

Bis zuletzt hält Niobe ihre Ansprüche aufrecht: Sie fordert von der Göttin, das letzte Kind behalten zu dürfen. Doch die Götter lassen nicht mit sich handeln; das Wort, das sie der Göttin entgegenschleuderte: *orba* – trifft sie jetzt selbst, und die Fülle, die sie so sicher machte, besteht in tragischer Ironie nun in der Fülle der Leichen, in deren Mitte sie sitzt und zu Stein erstarrt: Söhne, Töchter und der Gatte, der sich im Schmerz das Leben nahm. Die Verwandlung ist die Konsequenz: In übergroßem Leid ist der Mensch wie versteinert. Niobe aber war in ihrer Starrheit und Unbeugsamkeit auch vorher schon hart wie Stein. Ihr Wesenskern bleibt in der neuen Existenz erhalten, wie bei Arachne.[110] Ein Sturmwind reißt sie hinweg und versetzt die Versteinerte an das Sipylos-Gebirge in Lydien. Die Tochter des Tantalus darf heimkehren in das Reich ihres Vaters. Das Naturdenkmal des tränenden Felsens, das ursprünglich wohl als Aition für den Mythos diente, war im 2. Jh. n. Chr. noch sichtbar. Der Reiseschriftsteller Pausanias hat das Sipylos-Gebirge erstiegen und erklärt, aus der Nähe könne man nichts sehen, aus der Ferne aber glaube man, eine weinende Frau an der Felswand zu erkennen.[111]

Auch diese Geschichte lädt zum Weiterdenken über die conditio humana ein. Der Mensch fühlt, auch wenn er nicht «aus Tantalus' Geschlecht» ist, den Drang, sich abzusichern, sein Dasein berechenbar zu machen. Er wiegt sich allzugern in falscher Zuversicht und blindem Stolz: Die Fülle dessen, was ich bin und habe, macht mich sicher und unangreifbar![112] Ovid zeigt seine Kenntnis der menschlichen Psyche, wenn er seine Niobe angesichts des Ruins ihrer Existenz zuerst – noch bevor sie Zorn und Trauer empfindet – von Staunen ergriffen sein läßt (*mirantem*, VI 269), ungläubiges Erstaunen und Verwunderung darüber, daß dieser festgefügte Bau einstürzen konnte.

Die lykischen Bauern (VI 317–381)

Einer der Bewohner von Theben, die Niobes Schicksal erlebt haben, weiß von der Göttin Latona ein anderes mahnendes exemplum zu erzählen (die Person des Erzählers nimmt die veränderte soziale Rangstufe des folgenden Geschehens vorweg). Er selbst hat in Lykien (Südkleinasien) ihren Altar gesehen, inmitten eines Teichs, zu dem die Göttin einst kam, die gerade erst geborenen Zwillinge Apollo und Diana auf den Armen. Ausgedörrt und erschöpft von der Sommerhitze beugt sie sich zum Trinken nieder, doch die Bauern, die dort Riedgras schneiden, verbieten es ihr. Die Göttin beruft sich darauf, daß Wasser, wie Sonne und Luft, das gemeinsame Eigentum aller sei. Eine Verweigerung ist also ein Verstoß gegen elementares Menschen- und Naturrecht. Sie wolle nicht baden, nur trinken, um der Kinder willen, die ihre Ärmchen den Bauern entgegenstrecken. Doch diese drohen der Mutter und schmähen sie, ja, sie springen mutwillig in den Teich, um das Wasser zu trüben. Da zürnt Latona und ruft aus: *So lebt denn ewig in eurem Teich!* Und so geschieht es – die Bauern verwandeln sich, bis sie schließlich im Wasser schwimmen, springen und quaken – als Frösche! (Das Wort *ranae* steht pointiert am Schluß.)

quamvis sint sub aqua, sub aqua maledicere temptant.
... Suchen sie, wenn auch im Wasser, im Wasser quakend zu schmähen.

(VI 376)

Verwandlung der lykischen Bauern. Fresko von Johann Baptist Zimmermann, 1756/57. München, Schloß Nymphenburg

Der berühmte lautmalende Vers (Onomatopöe) enthält wieder die beliebte Figur der Wortverdoppelung. Die kurze Szene bietet eine Fülle stilistischer und kompositorischer Mittel, wie zum Beispiel folgendes: *sidereo siccata sitim – von der Hundstagshitze durstig geworden* (VI 341) enthält nicht nur die s-Alliteration; die Dreizahl der Worte mit dem Vokal i taucht als Motiv bei der Peripetie der Handlung wieder auf: *distulit ira sitim – Zorn übermannte den Durst* (VI 366). Zwei Gesten charakterisieren Latona und umschließen die Handlung: Zuerst ist sie *supplex*, die kniefällig Bittende, dann aber erträgt sie diese Haltung nicht länger. Sie streckt die Arme zum Himmel und ist nicht mehr die geschmähte Mutter, sondern die strafende Gottheit.

Das Thema Anmaßung und Götterzorn verbindet die Geschichten von Arachne, Niobe und den lykischen Bauern. Die letztere erscheint auf den ersten Blick wie ein Satyrspiel nach der Tragödie am Königshof. Doch hier offenbart sich ein krasser Fall menschlicher Hybris. Es wirkt weder die Verführung durch ein besonderes Talent, wie bei Arachne, noch durch außergewöhnliche Glücksgüter, wie bei Niobe. Es ist kleinliche Bosheit, grundlose Schmähsucht gegenüber den Allerschwächsten, auch dies freilich eine für den Menschen aller Zeiten typische Haltung.

Philemon und Baucis (VIII 616–724)

Die Götter, die unerkannt auf Erden wandeln und die Menschen prüfen, treten bei Ovid noch in einer anderen Geschichte auf, die ein glückliches Ende nimmt. Wie Gottvater und Petrus in unseren Märchen, so wandern Jupiter und Merkur hier durchs Land und suchen vergeblich ein Nachtquartier. Nur ein kleines Hüttchen tut sich auf, wo ein altes Ehepaar ärmlich und bescheiden lebt: Philemon und Baucis. In rührender Geschäftigkeit sind die alten Leute um das Wohl ihrer Gäste besorgt und tragen alles auf, was der Haushalt bietet. Ovid malt liebevoll und anschaulich das Ambiente, bis hin zum Tisch, dessen wackelndem Bein eine Tonscherbe untergelegt wird. Schließlich offenbaren sich die göttlichen Gäste und enthüllen den beiden Alten das Schicksal ihrer hartherzigen Nachbarn. Ihr Gebiet ist im Sumpf versunken, nur das Hüttchen steht noch. Es wandelt sich zum Tempel, es war ja schon ein Haus frommer Gesinnung. Als die Götter den beiden einen Wunsch freigeben, erklären sie, sie wollten Priester dieses Tempels sein, und die gleiche Todesstunde möge sie beide hinwegnehmen. So geschieht es, und sie werden in hohem Alter in eine Eiche und eine Linde verwandelt, die eng beieinander stehen.

Philemon und Baucis wurden sprichwörtlich für ein treu verbundenes altes Ehepaar. So erscheinen sie auch im 5. Akt von Goethes «Faust II». Faust betreibt mit Mephistos Hilfe ein großes Kolonisierungswerk. Er gewinnt dem Meer Land ab, gräbt einen Kanal und baut einen Hafen. Ihn

Philemon und Baucis werden in Bäume verwandelt. Kupferstich von Virgil Solis aus der Ovid-Ausgabe Frankfurt 1563

stört nur eines: die Hütte zweier alter Leute, Philemon und Baucis, in der Nähe seines Palasts, mit einem Kapellchen, dessen Glocke sie wie früher zur Wegweisung der Schiffer läuten. Die beiden Alten mit ihrem bescheidenen, frommen und selbstgenügsamen Glück sind Faust ein Dorn im Auge – sie stellen eine Gegenwelt dar zu seinem gewaltsamen, unersättlichen Streben. Mephisto meint:

Was willst du dich denn hier genieren?
Mußt du nicht längst kolonisieren?

Faust will das Ehepaar beiseite geräumt haben – ein neues Häuschen soll ihnen anderswo angewiesen werden. Doch der Türmer Lynkeus muß mit Schrecken sehen, daß sich dort ein Feuer ausbreitet, wo die Alten wohnen. Mephisto und seine finsteren Helfershelfer berichten Faust zynisch, die Alten hätten sich gesträubt.

Wir aber haben nicht gesäumt,
Behende dir sie weggeräumt.

Im Rauch des Brandes schwebt eine Gestalt herbei – die Sorge. Sie haucht Faust an:

Die Menschen sind im ganzen Leben blind,
Nun, Fauste, werde du's am Ende!

Blind, in tragischer Ironie, genießt Faust jenen «höchsten Augenblick», in dem Gefühl, von Arbeitern umgeben zu sein, die neuen Lebensraum für die Menschheit schaffen. Doch was sie graben, ist sein Grab. Der Ovid-Kenner und -Liebhaber Goethe hat die Idylle «Philemon und Baucis» zu einem mahnenden Exempel umgedichtet, dessen Schlüsselposition in «Faust II» vielleicht erst heute ganz deutlich wird, da im Zuge der Fortschrittseuphorie die Praktiken und die Folgen des «Hinwegkolonisierens» ungeahnte Ausmaße angenommen haben.

Der Sturz des Icarus. Gemälde von Pieter Brueghel d. Ä., um 1560.
Brüssel, Musées Roaux des Beaux-Arts

Daedalus und Icarus (VIII 152–259)

Auf Kreta baut Daedalus, der berühmte Künstler, das Labyrinth für den Minotaurus. Daedalus befindet sich dort im Exil, er hat Heimweh, aber König Minos hält ihn fest. Näheres erfahren wir nicht. Daedalus verkündet sogleich seinen Entschluß, sich der Luft anzuvertrauen, da ihm Land und Meer versperrt sind. *Er versenkt den Geist in bisher unbekannte Künste und schafft neue Natur* (VIII 188f). Flügel aus Federn, mit Wachs verbunden, sollen ihm und seinem Sohn Icarus den Weg in die Freiheit ermöglichen. Er lehrt den Sohn seine *damnosas artes, die Künste, die Schaden bringen sollten*, wie es vordeutend heißt. Vor dem Abflug ermahnt

Der Absturz des Icarus. Kupferstich von Johann Wilhelm Baur, um 1641. Aus der Ausgabe von Ovids Metamorphosen Augsburg 1681

der Vater den Sohn, sich auf mittlerer Bahn zu halten, damit die Flügel weder durch die Feuchtigkeit des Meeres noch durch die Sonnenhitze leiden. Beide fliegen hinweg in kühnem Flug, und einer, der sie von der Erde aus sieht, *mag erstaunen und glauben, es seien Götter.* Schon sind sie über Samos, da bekommt Icarus Freude an der leichten Fortbewegung. *Von der Begierde nach dem Himmel verführt*, schlägt er eine höhere Bahn ein. Das Wachs schmilzt, Icarus stürzt ins Meer. Ovid erinnert an eine andere Geschichte von einem Sohn, der nicht auf die Warnungen seines Vaters hörte und abstürzte: Phaëthon. Daedalus, der unglückliche Vater, *nun nicht mehr Vater*, ruft vergebens nach seinem Sohn. Er birgt dessen Leiche und begräbt sie auf einer kleinen Insel westlich von Samos, die noch heute Ikaria heißt. Auch das Meer dort wird das Ikarische genannt.

Als der Vater den Grabhügel errichtet, kommt ein Vogel herbei, der durch Flügelschlagen und Laute seine Genugtuung zu erkennen gibt, ein Rebhuhn, damals ein ganz neuer Vogel, *jüngst erst zum Vogel geworden, dir, Daedalus, zu ewiger Schande!* (VIII 240). Und nun erfährt der Leser, daß dieses Rebhuhn der verwandelte Neffe des Daedalus namens Perdix ist. Daedalus' Schwester gab ihn als Zwölfjährigen zu ihrem Bruder in die Lehre. Der Junge war begabt und erfinderisch, und Daedalus wurde von

Neid auf seinen hoffnungsvollen Schüler ergriffen. Er stürzte Perdix beim Arbeiten von der Akropolis und täuschte einen Unfall vor. Doch die Göttin der heiligen Burg, Minerva-Athene, die Patronin der Künste und des Handwerks, fing den Jungen im Fall auf und verwandelte ihn in ein Rebhuhn, einen Vogel, der sich nicht in die Lüfte erhebt. Diesen Perdix also trifft Daedalus, als er seinen abgestürzten Sohn bestattet. Ovid erzählt hier keine Geschichte über den menschlichen Entdeckerdrang und seine Risiken. Es vollzieht sich eine ausgleichende Gerechtigkeit, auf die der Ablauf der Handlung hinzielt – zweifellos eine Überraschung für den Leser, der «Daedalus und Icarus» aus Ovids *Liebeskunst* kannte. Dort wurden die Erfindungsgabe und die Kühnheit des Daedalus betont, die es ihm ermöglichten, König Minos zu entkommen.[113] In den *Metamorphosen* wollte Ovid die Erzählung in den Rahmen großer, schicksalhafter Geschichten einfügen und hat sie paradox, wider die Erwartung, gestaltet. Wie bei Phaëthon steht keine Verwandlung im Mittelpunkt. Jene Metamorphose, die Daedalus für sich und seinen Sohn erstrebte, in «fliegende Menschen», ist nicht geglückt.[114]

Weitergewirkt hat «Daedalus und Icarus» in der Form, wie sie Ovid in der *Liebeskunst* erzählt hat, mit der Betonung auf der Kühnheit und dem Risiko des Fliegens. Während im Mittelalter und in der frühen Neuzeit das Icarus-Schicksal als religiös-moralische Warnung vor dem «Hochhinauswollen» diente, sah man später in Daedalus den großen Erfinder,

NASA-Ikarus. Karikatur von Brigitte Schneider, München 1986 (anläßlich des Challenger-Unglücks)

der einen Menschheitstraum verwirklicht. Freilich muß er dabei das Risiko des Scheiterns auf sich nehmen. Nicht nur als homo faber wird Daedalus gesehen, sondern auch als Vorbild für den Künstler und seine Kreativität, die der Kunst neue Räume erschließt. In neuester Zeit verweisen Daedalus und Icarus auf die Ambivalenz der Technik und des Fortschritts. Daedalus hat Grund, seine verderbenbringenden Künste zu verfluchen. Von seinem Sohn aber heißt es: «Ikarus stürzt/und schlägt nicht auf./Keine Erde unter ihm.» (Lutz Rathenow) In einer zeitgenössischen Oper verzichtet Ikarus auf das Fliegen. Er nimmt die Erde als Wohnstatt an und verbrennt seine Flügel.[115]

Orpheus und Eurydice (X 1–77)

Der berühmte, auch von Vergil behandelte Stoff[116] wird bei Ovid zu einer Künstlergeschichte. Durch seine Kunst hofft Orpheus, das Unmögliche möglich zu machen und die den Menschen gezogenen Grenzen überschreiten zu können. Er steigt in die Unterwelt hinab, um seine Gattin zurückzuholen, die als Neuvermählte an einem Schlangenbiß gestorben war. Orpheus singt vor dem Gott der Unterwelt und seiner Gemahlin: *Vicit Amor* – die Liebe war stärker als alles, sie hat ihn zu den Schatten hinabsteigen lassen, und sie ist ja auch dem Herrscherpaar nicht fremd (Pluto hat Proserpina aus Liebe geraubt). So sollen beide ein Einsehen haben und ihm die Geliebte zurückgeben, bis sie ihre Jahre vollendet hat. Sonst will er selbst hierbleiben und sogleich sterben. Alle Bewohner der Unterwelt werden von Rührung erfaßt, sogar die Erinnyen vergießen Tränen, Sisyphus hört auf, seinen Stein zu rollen, setzt sich darauf und hört zu. Eurydice darf kommen und mit Orpheus wieder zurückkehren. Aber – so lautet das Gebot – er darf sich nicht nach ihr umsehen, bis sie beide die Pforte des Hades durchschritten haben. Diese Weisung war den Römern von ihren Kultbräuchen her vertraut, so von den Lemuria, dem Fest der Totengeister, denen man mit abgewandtem Gesicht opferte.[117] Der Ausgang ist bekannt: Orpheus dreht sich um und Eurydice entschwindet wieder ins Totenreich.

Warum handelt Orpheus wider das Gebot? Bei Vergil ist es dementia, ein Wahnsinn, der den Liebenden plötzlich ergriff. «Welch eine Raserei [furor] bringt mir Armen und dir das Verderben?» ruft Eurydice aus. Bei Ovid, dem *Dichter zärtlicher Liebe*, beklagt sich Eurydice nicht. *Worüber sollte sie sich beklagen, außer daß er sie liebte*, fragt Ovid mit deutlichem Bezug auf Vergil. Aus liebender Sorge hat Orpheus sich umgedreht, weil er befürchtete, die Gattin könnte mit ihrem vom Schlangenbiß verletzten Fuß den steilen Aufstieg nicht schaffen.

Beinahe vergißt man bei dieser berühmten Geschichte die Frage nach der Metamorphose. Wie bei Phaëthon und Icarus ist sie nicht geglückt.

Orpheus und Eurydice mit Hermes. Römische Kopie nach einem griechischen Original, um 410 v. Chr. Neapel, Museo Nazionale

Der Mensch kann die Grenzen seines Seins nicht überschreiten. Die Toten verwandeln sich nicht in Lebende, das Gesetz des Todes ist unaufhebbar, allen Bemühungen zum Trotz. Ebendies wird Orpheus von den göttlichen Mächten ad oculos demonstriert.

«Orpheus und Eurydice» ist in Dichtung, Musik und bildender Kunst immer wieder neu gestaltet worden, als eine der beliebtesten ovidischen Geschichten. Die frühen Christen stellten Jesus Christus im Bilde des Orpheus dar. Christus hat den Tod wahrhaft besiegt, er führt die Seinen zum Licht empor. Später wird Orpheus zum Symbol eines geistigen Prin-

Orpheus. Eurydice. Hermes. Holzschnitt von Gerhard Marcks. Aus der Mappe «Orpheus», 1947

zips – Dichtung, Musik, Liebe –, das den Tod überdauert. Als göttlicher Sänger tritt er in der Oper auf. In Monteverdis «L'Orfeo» (1607) schenkt Apoll seinem Sänger ein neues, verklärtes Dasein im Himmel, wo er seine Eurydice unter den Sternen wiederfindet. *Vicit Amor* – diesem Motto getreu tritt in Glucks Musikdrama «Orpheus und Eurydice» (1762) Amor auf. Er erweckt Eurydice zu neuem Leben und vereint die Liebenden wieder. Eine Parodie bietet Jacques Offenbach mit seinem «Orpheus in der Unterwelt» (1858).

Unter den dichterischen Bearbeitungen kommt der von Rainer Maria Rilke besondere Bedeutung zu. In seinen «Sonetten an Orpheus» prägt er die Gestalt als die des Sängers und Sehers: «Ein für alle Male ist's Orpheus, wenn es singt.» Orpheus hat Anteil an den beiden Reichen des Lebens und des Todes, nur so kann er Gültiges schaffen: «Nur wer die Leier hob / auch unter Schatten, / darf das unendliche Lob / ahnend erstatten.» In Rilkes Gedicht «Orpheus. Eurydice. Hermes» (1904) erscheint der Tod als wesenhafter Teil der polaren menschlichen Existenz. Eurydice folgt zwar Orpheus, von Hermes geleitet, aber sie ist bereits von allen Bindungen an die Oberwelt gelöst: «Sie war in sich. Und ihr Gestorbensein/erfüllte sie wie Fülle.» Und «sanft und ohne Ungeduld» geht sie den Weg wieder zurück. Auch Ingeborg Bachmann betont diese Polarität des Seins. «Wie Orpheus spiel ich/auf den Saiten des Lebens den Tod. Aber wie Orpheus weiß ich/auf der Seite des Todes das Leben.» (Ingeborg Bachmann, «Dunkles zu sagen»)

Der Tod, verkörpert in Madame la Mort, spielt auch eine Rolle in Jean Cocteaus Drama «Orphée», das durch die Verfilmung weltbekannt wurde (1927/1949). In den Dramen von Oskar Kokoschka («Orpheus und Eurydike», 1919, vertont von Ernst Křenek 1926) und Jean Anouilh («Eurydike», 1941) richtet sich der Blick auf die scheiternden Beziehungen der Liebenden zueinander. Tennessee Williams' «Orpheus steigt herab» (1957) zeigt den Dichter als Außenseiter in einer Welt, in der Musik und Liebe ihre Kraft verloren haben. Der Film «Orfeu Negro» von Marcel Camus (1959, nach einem Drama von Vinícius de Mello Moraes, 1956) gibt der Orpheus-Geschichte inmitten des Karnevals von Rio eine neue mythische Dimension. In mehreren zeitgenössischen Versionen tritt Orpheus als Typus des modernen Künstlers auf, eines Monomanen, dem sein Auftritt über alles geht. So schaut er sich absichtlich um, da ihm Eurydice und seine Liebe nur als Stoff oder Inspirationsquelle dienen.[118] Liebe, Künstlertum und Totenreich: eine unerschöpfliche Geschichte.

Caesars Altäre – Caesars Zorn

Im letzten Teil der *Metamorphosen* traten italische Sagen mit ihren Gestalten und Orten ins Blickfeld. Nicht nur die Griechen, so Ovid, auch wir Römer haben Mythen, die oft die Bedeutung uralter Kulte und Riten erhellen.[119] Es gehörte zum traditionsbewußten Wesen des Römers, solche aitiologischen, das heißt den Ursprung erklärenden Legenden aus der Vergangenheit aufzuspüren.[120] Das Geschichtswerk Catos (um 150 v. Chr.) hieß «Origines» – Ursprünge, und der Gelehrte Varro (1. Jh. v. Chr.) hatte in seinem Werk «Aetia» wie auch in seinen «Antiquitates» alte Überlieferungen herangezogen, um die Ursprünge römischer Sitten und religiöser Bräuche zu erklären. Als Roms Dichter seit Catull und den Neoterikern mit der hellenistischen Poesie vertraut wurden, trafen sie bei Kallimachos auf ein ausgeprägtes mythologisch-antiquarisches Interesse. In seinem Hauptwerk «Aitia» (Ursprungsgeschichten) behandelte er die mythologischen Veranlassungen von Festen, Bräuchen, Götternamen und kultischen Gepflogenheiten. Die «Aitia» (nur bruchstückhaft erhalten), in elegischem Versmaß geschrieben, sind ein Werk belehrenden und erzählenden Charakters, im Vergleich zum Epos subjektiv gefärbt, vom Standpunkt des Erzählers berichtet und gedeutet, des poeta doctus Kallimachos, der mit seiner Gelehrsamkeit und seiner Virtuosität gleichermaßen brillieren will.

Die augusteische Zeit mit ihrer Rückbesinnung auf Roms Vergangenheit, die allenthalben in Tempeln und Denkmälern vor Augen stand, regte die Dichter an, die eigenen Mythen zu entdecken und darzustellen. Properz wollte als «römischer Kallimachos» sein Rom und seine italische Heimat preisen: «Bräuche und Feste besing' ich und älteste Namen der Orte.»[121] So erzählt er unter anderem von Jupiter Feretrius, dessen Tempel auf dem Kapitol von Augustus wiederhergestellt worden war, wie so viele andere Heiligtümer Roms.[122] Der Princeps legte Wert auf die Wiederbelebung des religiösen Lebens und fand dabei auch Rückhalt in der Bevölkerung. Da in der römischen Religion kein Glaube im Sinne eines Schwörens auf Glaubensartikel verlangt wurde, sondern nur der ordnungsgemäße Vollzug der Riten, konnte sich auch die aufgeklärte Gesellschaft mit dem Gedanken an eine religiöse Erneuerung identifizieren.

Man sah im Glauben an transzendente Mächte ein ethisch stabilisierendes Element im Leben der staatlichen Gemeinschaft, das vor allem nach den traumatischen Erlebnissen des Bürger- und Bruderkriegs als notwendig empfunden wurde.[123] In diesem Sinne ist, ganz ohne Ironie, durchaus im Sinne Varros, Ovids Ausspruch in der *Liebeskunst* zu verstehen (Ars I 637):

Expedit esse deos et, ut expedit, esse putamus – es ist nützlich, daß es Götter gibt, und da es nützlich ist, wollen wir daran glauben. Es war dem einzelnen auch freigestellt, seine Teilnahme an Festen und Riten im Sinne einer Traditionspflege und der gemeinschaftlichen Wahrung eines kulturell-historischen Erbes zu verstehen. (So wie Ovids heutige Nachfahren, obwohl aufgeklärt und kritischer Weltanschauung zugeneigt, gleichwohl die Feste der Madonna und der Ortsheiligen mitfeiern.)

Die Festfeiern im Jahreskreis waren im römischen Kalender notiert. Dieser befand sich in der Obhut der Pontifices. Die Aufgabe dieser Priesterschaft war es ursprünglich, die Festdaten zu bestimmen und durch ihre Veröffentlichung das Volk über Werk- und Feiertage zu unterrichten.[124] Im Jahre 8 v. Chr. hatte Augustus als Pontifex maximus, oberster Priester, an dem von Julius Caesar neugeordneten Kalender eine abschließende Korrektur angebracht: Die Schaltung wurde nun alle vier Jahre durchgeführt. Augustus hatte damit die Aufmerksamkeit auf den Ablauf des römischen Jahres mit seinen verschiedenen Feiertagen gelenkt. Damals begann Ovid wohl schon mit der Sammlung von Material

Altar des Hercules-Tempels in Sulmona. 1. Jh. v. Chr.

Augustus als Pontifex. Mitte 1. Jh. n. Chr. Köln, Römisch-Germanisches Museum

für seine *Fasti*, eine Darstellung des römischen Festkalenders. Er arbeitete dann seit etwa 2 v. Chr. neben den *Metamorphosen* an diesem Werk,
dessen Chronologie im einzelnen schwer festzustellen ist.[125] Damit führte
er Properz weiter, dessen Kallimachos-Nachfolge auf einige Elegien seines 4. Buches beschränkt geblieben war. Besser als Properz' Konzept
eines «Spaziergangs durch Rom» eignete sich die chronologische Abfolge
des Kalenders als Gerüst für eine abwechslungsreiche Verknüpfung der
einzelnen Geschichten.

Der römische Kalender verzeichnete erstens dies fasti, das heißt Werktage: die ‹Spruchtage› (von fari), an denen der Prätor Recht sprechen
durfte, die Versammlungstage, dies comitiales, an denen Volk und Senat
zusammentraten, und die Markttage (nundinae). Zweitens gab es dies

nefasti oder dies festi, Feiertage, an denen Ruhe von Geschäften (feriae) herrschte und Götterfeiern, Opfer und Festspiele (ludi) stattfanden. Mythos und Ritus dieser Feste will Ovid darstellen (Fast. I 13f):

Caesaris arma canent alii, nos Caesaris aras,
   et quoscumque sacris addidit ille dies.
Caesars Waffentaten mögen andere künden, ich will Caesars Altäre besingen und die Tage nennen, die er zu den heiligen Zeiten hinzufügte.

Was auf den ersten Blick als Huldigungsadresse erscheint, enthüllt sich als die von Ovid schon bekannte Haltung des Dichterstolzes: Sein Werk ist Caesar Augustus gewidmet, der Dichter aber tritt selbstbewußt neben den Princeps und Pontifex maximus und dessen ordnende Tätigkeit. Ovid kündet seinen Mitbürgern die *sacra*, die heiligen Bräuche und Riten des römischen Kalenderjahres. Mit dem weihevollen Titel *vates, Sänger des Heiligen*, läßt er sich von dem Gott anreden, der das Jahr und den Festesreigen eröffnet, von Janus. Bei Kallimachos findet sich bereits das Kunst-

Januskopf. Römische Münze, nach 235 v. Chr. London, British Museum

mittel, eine Person, oft eine Muse, einzuführen, die dem Dichter Aufschluß gibt über die Ursprünge verschiedener Bräuche. Dieses Mittel der Auflockerung ist bei Ovid höchst kunstvoll zur «Interview-Technik» entwickelt, bei der die Frage und Antwort stehenden göttlichen Gestalten ihr eigenes Profil erhalten, oft mit jener aus Nähe erwachsenen, liebevollen Ironie, die noch heute beim Südländer im Umgang mit seinen Heiligen zu beobachten ist. Auch Kallimachos' Hymnen haben diesen leichten Ton im Umgang mit den Göttern.

Wer die *Fasten* nicht, wie üblich, als «Steinbruch» für römische Altertümer liest, sondern sich von Ovid von Fest zu Fest geleiten läßt, verspürt jene Freude an der Gegenwart, an seinem Rom, wie sie Ovid schon in seiner Liebesdichtung zum Ausdruck brachte.[126] Wieder tritt Venus auf als Patronin der Gesittung, des *cultus* (IV 1ff; 91ff). Mit dem altersgrauen Janus, der ihm die Neujahrsbräuche erklären soll, führt Ovid einen vergnüglichen Dialog über das beliebte Thema: «Einst – jetzt». In den guten alten Zeiten der Vorfahren, da verehrte man den Gott mit bescheidenen Gaben, jetzt aber herrschen Reichtum und Wohlstand, nur Geld und Gold gelten noch. Gewiß, meint Janus, aber wenn wir auch das Alte anerkennen, so freuen uns doch die goldenen Tempel. Ihr Glanz entspricht unserer göttlichen Würde.

Laudamus veteres, sed nostris utimur annis:
  mos tamen est aeque dignus uterque coli.
Wir loben die Vergangenheit, nehmen jedoch an, was unser Zeitalter bietet.
Die Sitte beider Zeiten ist aber gleichermaßen zu achten und zu pflegen.

Fast. I 225 f

Der urrömische Gott des Jahresanfangs dient Ovid als Gewährsmann für seine Ansicht über sein Zeitalter. Janus erklärt auch, warum seine Türen im Krieg geöffnet, jetzt aber geschlossen sind. Es herrscht Friede, dank Augustus – auch dies ein Thema der *Fasten*. Ovid wendet sich an Robigo, einen urtümlichen Dämon, der das Getreide schädigte, und bittet: «*Besser, du zerfrißt Schwerter und die schadenbringenden eisernen Geschosse. Die brauchen wir nicht mehr: Die Welt hat Ruhe – otia mundus agit* (IV 925f). Jenes otium aber kommt der Dichtung zugute, die sich auch solch zweckfreien, aber gleichwohl edlen Künsten wie der Astronomie zuwenden kann. Auf- und Untergang der Gestirne und Sternsagen gehörten ja zum römischen Kalender.

Auch das Thema der Liebe fehlt nicht. Man hat Ovid eine ungehemmte Erotisierung vorgeworfen, mit der er «die strenge römische Religion ins Farbige, Schillernde, Weibliche, Verführerische» verwandelt habe.[127] Ob jedoch die römische Religion wirklich so streng war, ist zu fragen angesichts solcher Gottheiten der Zeugungslust wie Priap, der mit riesigem, aufgerichtetem Glied in jedem Garten stand, oder Flora, der Frühlingsgöttin, auf deren Fest ein Reigen nackter Mädchen tanzte und die auch von den Dirnen öffentlich verehrt wurde. Auch enden zum Beispiel die Liebesabenteuer des Priap bei Ovid eher moralisch, mit einer witzigen Pointe: Ein Eselsgeschrei weckt die schlafende Schöne, der sich der Gott nahen will, und sie kann flüchten.[128] Ovid, der Dichter der Frauen, vermeidet es, gewaltsame Götterliebe ausführlich zu schildern. Wo sie zum Mythos, ja zur Historie gehört, wie bei Rea Silvia, die durch Mars Mutter von Romulus und Remus wird, geht er kurz und diskret darüber hinweg. Er – Mars oder der Dichter – versenkt das Mädchen in Schlaf und sendet ihr ein Traumbild.[129]

Was Ovids persönliche Religiosität angeht, so scheint sie eher tiefgründiger als die seiner Zeitgenossen gewesen zu sein. Er kritisiert zum Beispiel das übliche Verfahren der Mordsühne: *Ihr seid wirklich allzu leichtgläubig, wenn ihr meint, daß fließendes Wasser das grausige Verbrechen des Mordes aufzuheben vermag![130]*

Von den geplanten zwölf Büchern sind nur sechs vollendet.

Sechs der «Festzeiten» hab' ich und gleichviel Bücher geschrieben,
*   und einen Monat umfaßt jede der Rollen genau;*
das hab' ich deinem Namen, o Caesar, vor kurzem gewidmet;
*   doch mein Geschick unterbrach, was ich dir hatte geweiht.*

Trist. II 549 ff

Er muß Caesars Altäre verlassen, *Caesaris ira, Caesars Zorn*[131] hatte ihn getroffen und stürzte ihn, den gefeierten Dichter, von der Höhe seines Glücks. Im Jahre 8 n. Chr. wurde er verbannt, nicht wie üblich auf eine unwirtliche Insel Italiens oder in eine Griechenstadt Kleinasiens, sondern an den äußersten Rand des römischen Reichs, nach Tomi an der Küste des Schwarzen Meeres. Die Verbannung erfolgte kraft kaiserlichen Edikts in der «milderen» Form der relegatio (polizeiliche Ausweisung). Der Verurteilte behielt sein Vermögen und das römische Bürgerrecht. Warum? Niemand, weder ein Zeitgenosse noch eine historische Quelle geben Auskunft, wie es zu dieser Verbannung kam. Bis heute ist man angewiesen auf die bewußt dunklen Andeutungen des Betroffenen selbst in seinen Exilgedichten, den *Tristien* (*Klageliedern*) und den *Epistulae ex Ponto*, den *Briefen vom Schwarzen Meer*.[132] In seinem «Offenen Brief an Augustus» (*Tristien* II) schreibt er:

Perdiderint cum me duo crimina, carmen et error,
*   alterius facti culpa silenda mihi.*
Da zwei Frevel, Gedicht und Verirrung, zugrunde mich richten,
*   sei meines zweiten Vergehns Fehltritt in Schweigen gehüllt.*
Denn ich bin es nicht wert, dich erneut zu verwunden, o Caesar;
*   ist es doch mehr als zuviel, wenn man dich einmal betrübt.*

Zwei Beschuldigungen sind es also, die *Liebeskunst* (*carmen*) und ein
error, ein «Irrtum», juristisch der Ausdruck für ein leichteres Vergehen
ohne Vorsatz. Was die *Ars amandi* angeht, so hörten wir bereits, daß
gleich nach dem Erscheinen Kritik laut wurde, die Ovid in den *Remedia
amoris* zurückwies. Im «Offenen Brief» rechtfertigt er sich, indem er auf
seine «Verbotstafel» verweist, jene Verse, in denen er die ehrbaren
Frauen Roms von der Lektüre ausschließt. Nur Erlaubtes besang er, in
seinem Gedicht wird kein Verbrechen (*nullum crimen*) gelehrt.[133] Und, so
meint er, wenn sich eine Frau durch Lektüre verführen läßt – da könnte
dies auch bei Geschichtsbüchern geschehen: Waren nicht Aeneas, Romulus und Remus die Frucht einer verbotenen Beziehung? Haben nicht auch
andere Dichter, von Homer angefangen, unbeanstandet Liebesabenteuer
beschrieben? Nicht zu vergessen: Die *Liebeskunst* ist schon vor acht Jahren veröffentlicht, eine Strafe dafür kommt reichlich spät. – Das klingt

recht plausibel und verweist eben deshalb auf jene andere Beschuldigung. In einem späteren Gedicht schildert Ovid, wie ihn des Nachts Amor besucht, traurig über das Schicksal seines Poeten. Der Dichter will von seinem Gott die Bestätigung, daß er niemals rechtmäßige Ehen störte und Unsicherheit über die Nachkommenschaft in vornehmen Familien verursachte. Amor bekräftigt dies, fährt aber fort:

Wenn ich nur so wie dies auch andres verteidigen könnte!
Noch etwas anderes hat mehr dir geschadet, du weißt's.
Was es auch sei – denn weder den Schmerz selbst soll man erneuern,
noch kannst du sagen, du seist ferne von jeglicher Schuld,
magst du gleich mit dem Bild einer Irrung bedecken den Fehltritt,
war doch des Richters Zorn schwerer nicht, als du verdienst.

Ex Ponto III 3,71 ff

Es war also etwas geschehen, das für Augustus so schmerzlich und peinlich war, daß man nicht darüber reden darf; der Vorwurf des Ehebruchs wird erhoben, und Ovid war, nicht nur durch seine Dichtung, darin ver-

Augustus verbannt Ovid.
Fresko von Franz Martin Kuen,
1744. Klosterbibliothek
Wiblingen bei Ulm

strickt. Dies führt auf den Skandal im Caesaren-Haus in eben jenem Jahr 8 n. Chr.: die Verbannung der Augustus-Enkelin Julia der Jüngeren (Julia Vipsania, Tochter des Vipsanius Agrippa) wegen Ehebruchs auf die Insel Trimerum (Tremiti-Inseln gegenüber dem Monte Gargano). Ein Jahrzehnt zuvor hatte ihre Mutter Julia, das einzige Kind des Augustus, unter derselben Anklage das gleiche Schicksal getroffen – Verurteilung nach den leges Juliae. Eine Verbindung des Dichters mit der Augustus-Enkelin liegt nahe: Julia führte ein großes Haus – Ovid war Roms berühmtester Dichter, und er hatte in seiner *Liebeskunst* ein Enkomion, einen Lobpreis, auf ihren Bruder Gaius geschrieben.

Weshalb sah ich etwas? Warum ward ich schuldig durch Blicke?
  Weshalb war ich der Tor, der die Verfehlung erkannt?
Ohne Gewand nichtsahnend erblickte Actaeon Diana;
  doch seinen Hunden dafür ward er nicht minder zum Raub.
Auch ein mißlich Geschick verlangt bei den Himmlischen Sühne;
  ward eine Gottheit gekränkt, wird auch kein Zufall verziehn.

Trist. II 103 ff

So sieht sich Ovid selbst im Bilde einer seiner eigenen Gestalten. War er, der Poet der Liebe, zu einem Vortrag seiner Dichtungen geladen und erlebte sich dann als *praeceptor obscaeni adulterii*, als Lehrer schimpflichen Ehebruchs[134]? Doch wäre eine solche Verfehlung in Ovids Augen ein *funestum malum* gewesen, ein böses Unheil, über das er nicht sprechen kann und will, das Augustus zutiefst verwundet: ein abgeurteilter Ehebruch, von dem jedermann wußte? Ehebruch im Caesaren-Haus war allerdings kein privates Liebesabenteuer. Wer die «Erbtochter» begehrte, strebte womöglich auch nach der Herrschaft, ob mit oder ohne ihr Einverständnis. So zeichnen sich hinter den Skandalaffären der beiden Julien, die so hart gestraft wurden, politische Hintergründe ab.

In der Caesaren-Familie gab es Parteiungen, verschärft durch die Tatsache, daß Augustus von Livia keine Kinder hatte. Die «echten» Julier – Augustus' Tochter Julia aus seiner früheren Ehe und ihre Kinder von dem verstorbenen Feldherrn Agrippa – standen gegen die angeheirateten Julier, Augustus' Gattin Livia und Tiberius, ihren Sohn aus erster Ehe. Wem stand die Nachfolge zu – den jungen Söhnen der Julia oder dem bewährten Truppenführer Tiberius? Spannungen gab es nicht nur mit der Stiefmutter, die ihren Sohn begünstigte, sondern auch mit Augustus und seiner altmodisch-strengen Erziehung. Er ließ Tochter und Enkelin spinnen und weben und hielt sie von jungen Männern fern, ganz im Sinne der Vorfahren, während beide mehr dem von Ovid gezeichneten Bild der *culta femina*, der kultiviert-mondänen, gebildeten und emanzipierten Dame des modernen Zeitalters entsprachen.[135] «Was ihr beliebte, galt ihr für erlaubt», empört sich der zeitgenössische Geschichtsschreiber Vel-

Augustus mit seinen Stiefsöhnen Gaius (links) und Lucius. Um Chr. Geburt, aus der Basilika von Korinth. Korinth, Museum

leius Paterculus, ein Freund der alten Sitten, über die Augustus-Tochter.[136] Von der jüngeren Julia hören wir, daß sie ein überaus prächtiges Haus besaß, das ihr Großvater nach ihrem Sturz bis auf die Grundmauern niederreißen ließ. Zwangsläufig hegte sie Ressentiments gegen Augustus. Er wollte sie als Kind zu den Vestalischen Jungfrauen geben, um das Ansehen dieses altehrwürdigen, aber vom Aussterben bedrohten Priesterinnenkollegiums zu heben. Dann hatte er ihre Mutter verbannt und schließlich ihren einzigen überlebenden Bruder Agrippa Postumus, diesen unter der anfechtbaren Begründung, er habe einen schlechten Charakter und ein gewalttätiges Wesen.[137] Nach dem Tod des Vaters geboren, ohne die verbannte Mutter aufgewachsen, war er wohl nur «unangepaßt», ein schwieriger Jugendlicher, kein Vorzeigekind für die Familie des Augustus. Als Tiberius im Jahre 14 n. Chr. Princeps wurde, ließ er ihn töten, «die erste Untat der neuen Regierung» (Tacitus). Postumus – er war von Augustus adoptiert wie Tiberius – gefährdete offenbar dessen Thronfolge.

Man hat nun vermutet[138], daß Julia im Jahre 8 n. Chr. – nachdem ihre Brüder Gaius und Lucius in jugendlichem Alter gestorben waren – die Position der Julier stärken wollte, indem sie ihren verbannten, im Vorjahr zu verschärfter Haft verurteilten Bruder Agrippa Postumus zurückzuführen suchte. Sie hatte neben ihrem Mann, L. Aemilius Paullus[139], dem Angehörigen einer vornehmen Familie, viele Freunde und Sympathisan-

105

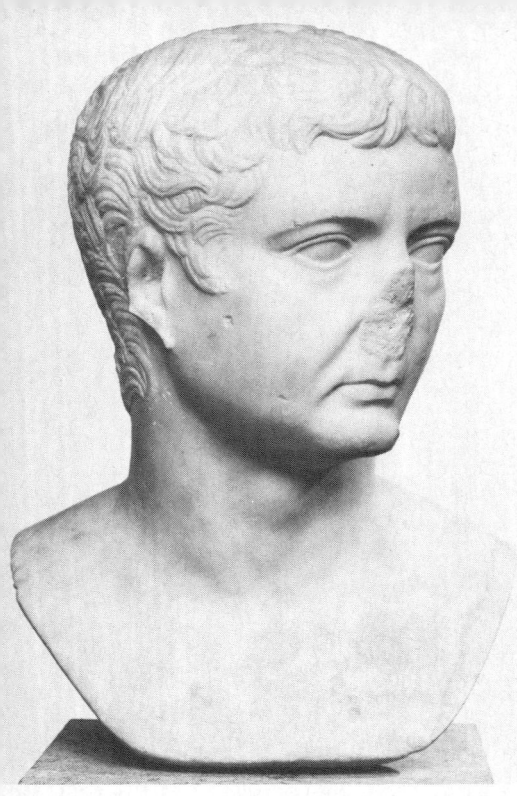

Tiberius. 1. Jh. n. Chr. Staatliche Antikensammlungen
und Glyptothek München

ten. Einer von diesen war D. Silanus; er wurde als ihr Liebhaber ange-
klagt, nicht als Verschwörer, denn sonst hätte Augustus den Fall vor ein
Senatsgericht bringen müssen, was in jener unruhigen Zeit nicht oppor-
tun schien. Eine Ehebruchsaffäre in der eigenen Familie konnte Augustus selbst aburteilen und Julias Rolle mußte dabei nicht näher beleuchtet
werden.[140]

In diesen Fall war Ovid wohl verstrickt; es war mehr als ein Liebesbac-
chanal, das ihm die Verbannung eintrug. Freilich betont er, daß er nie die
Waffen gegen das Haupt des Princeps zückte[141] – es war also kein gewalt-
samer Umsturz oder ein Angriff auf das Leben des Princeps geplant. Vermutlich wollte Julia ihrem Großvater nur beweisen, daß er sich in seinem
Urteil über ihren Bruder irrte, daß dessen feindselige Gefühle gegen ihn
und Livia nur die Folge seiner Zurücksetzung waren. Der Plan, den Verbannten, der unter strenger militärischer Bewachung lebte, zu befreien

und nach Rom zu bringen, war freilich, nach dem Buchstaben des Gesetzes und in den Augen des Princeps, eine hochverräterische Tat.

Welchen Anhaltspunkt gibt es nun, daß Julia den Herrscher durch mehr als ein sittenloses Verhalten verletzte, und gibt es einen Hinweis auf eine Verbindung Ovids mit dem Geschick des Agrippa Postumus? Für das erstere spricht eine Bemerkung bei Sueton[142], der spätere Kaiser Claudius habe seine Verlobung mit der Tochter Julias gelöst, «quod parentes eius Augustum offenderant» – weil ihre Eltern Augustus beleidigt oder gekränkt hatten bzw. ihm zu nahe getreten waren: ihre Eltern, also auch der Gatte, dem man bei einem Ehebruch seiner Frau nur stillschweigende Duldung hätte vorwerfen können (was man aber z. B. Tiberius, dem Gemahl der älteren Julia, niemals zum Vorwurf gemacht hatte, geschweige daß man darin eine offensio gegenüber Augustus gesehen hätte). Zu beachten ist auch, daß nicht nur die Augustus-Tochter und die Enkelin unter dem Vorwurf des Ehebruchs verbannt wurden, sondern auch die beiden Nichten der jüngeren Julia – unter Caligula und Claudius –, eine davon gleich zweimal. Beim zweitenmal beschuldigte man den Philosophen Seneca ehebrecherischer Beziehungen zu ihr und sandte ihn gleichfalls ins Exil, während es bei der ersten Verbannung jener Julia Livilla zu einer regelrechten Säuberungsaktion kam. Soviel Laszivität, verbunden mit soviel Unvorsichtigkeit, wirkt unglaubwürdig, und so wurde denn auch Julias ältere Schwester ganz offen wegen Hochverrats ins Exil geschickt, zusammen mit ihrem Sohn: Es war die bekannt sittenstrenge Witwe des Germanicus, Agrippina die Ältere, eine scharfe Gegnerin des Tiberius. Wie ihre ebenfalls exilierte Tochter Agrippina die Jüngere, die spätere Mutter des Nero, war sie – wir erfahren es aus Tacitus – eine eminent politische Frau. Für diese weiblichen Mitglieder des Caesaren-Hauses galt offenbar, was Velleius Paterculus im Negativbild von der älteren Julia formuliert hatte: Was ihnen beliebte, galt ihnen für erlaubt – das heißt, sie nahmen Stellung zur Politik ihrer männlichen Verwandten und erregten Anstoß. Als sittenlos gebrandmarkt, sollten sie entehrt und zum Schweigen gebracht werden.

Was die Verbindung Ovids mit Agrippa Postumus' Schicksal angeht, so sind wir auf eine seiner Versepisteln aus dem Jahre 14 n. Chr. verwiesen. Ovid schöpfte damals Hoffnung auf eine glückliche Wendung, aber es war das Todesjahr des Princeps:

Eben begann Augustus vergessene Schuld zu verzeihen
  als er der Erde zugleich und meiner Hoffnung entschwand.

Pont. IV 6,15 f

In diesem Gedicht spricht Ovid ein letztes Mal seinen soeben verstorbenen Freund Fabius Maximus an, der sich unmittelbar vor seinem Tod für ihn hatte einsetzen wollen. Warum erst jetzt, warum gerade jetzt – und warum schöpfte Ovid damals Hoffnung? Tacitus, der ältere Plinius und Cassius Dio erzählen, mehr oder weniger gerüchtweise, Augustus habe sich vor seinem Ende mit seinem Enkel Agrippa Postumus aussöhnen wollen und daher insgeheim eine Fahrt zur Exilinsel Planasia unternommen, nur begleitet von einem Vertrauten, eben jenem Fabius Maximus. Es sei zu einer versöhnlichen Aussprache, zu Tränen und Umarmungen gekommen, so daß man hoffen konnte, Augustus werde seinen Enkel zurückberufen. Kurz darauf starb jedoch Fabius unter merkwürdigen Umständen[143], dunkle Verdächtigungen richteten sich gegen Livia, die die Nachfolge ihres Sohnes Tiberius in Gefahr gesehen habe. Wenig später verschied auch der Princeps. Ovids Verse lassen sich auf jene im Jahre 14 auftauchende Hoffnung beziehen: Ein Silberstreif am Horizont des verbannten Dichters, der mit Augustus' Tod wieder erlosch.

War Ovid also damals Mitwisser bei einer Verschwörung (die von den Anstiftern freilich eher als eine Familienangelegenheit angesehen wurde), und geriet er wie Actaeon nur zufällig in ein verhängnisvolles Geschehen hinein und mußte dafür büßen? Die *Ars amandi* ein bloßer Vorwand für die Relegation? Damit wäre noch nicht alles erklärt – es bleibt zu fragen, warum Ovid immer wieder seiner Muse Schuld gibt an seinem Schicksal. Sein Talent sei es, das ihn ins Verderben gestürzt habe, so sagt er des öfteren und meint damit offenbar nicht den Inhalt der *Liebeskunst*, sondern seine eigene Geisteshaltung. Diese Erkenntnis brauchte freilich ihre Zeit; sie reifte erst später, noch nicht in jenen aufgeregten, kummervollen Tagen, als sich Ovid anschickte, sein Rom für immer zu verlassen.

Abschied von Rom

Im Herbst 8 n. Chr. war Ovid vom Bannstrahl des Augustus getroffen worden; noch vor Jahresende sollte er Rom verlassen haben, obwohl die reguläre Schiffahrt bereits eingestellt war. Von Brundisium aus fährt er, von einem Wachsoldaten begleitet, durchs Jonische Meer in den Golf von Korinth, überquert die Landenge und nimmt ein neues Schiff, da ihm das andere nicht seetüchtig genug erschien für das rauhe, winterliche Meer. In Samothrake steigt er aus, läßt sich aufs thrakische Festland übersetzen und wählt von dort aus den Landweg. Vielleicht war er so erschöpft von der Seekrankheit wie später Seneca, der erzählt, wie er im Sturm schwimmend vom Schiff aus das Land zu erreichen suchte, nur um der Seekrankheit zu entgehen.[144] Von einem seiner letzten Aufenthaltsorte aus, wohl von Samothrake, schickt Ovid Gedichte nach Rom: Das erste Buch der *Tristien*. Die Elegie ist bei ihm nun wieder zu ihrem Ursprung zurückgekehrt, sie ist ein Klagelied.[145] Auf dem Weg in die Fremde vergegenwärtigt sich der Dichter seinen Abschied von Rom.

Cum subit illius tristissima noctis imago,
  qua mihi supremum tempus in urbe fuit,
cum repeto noctem, qua tot mihi cara reliqui,
  labitur ex oculis nunc quoque gutta meis.

Trist. I 3,1 ff

Er verlieh darin der Rom-Sehnsucht für alle Zeit ihren Ausdruck, so vollendet, daß selbst Goethe, als er 1788 schweren Herzens die geliebte Stadt verließ, keine eigenen Worte fand, sondern Ovids «Abschied von Rom» ans Ende seiner «Italienischen Reise» setzte:

Tritt mir von jener Nacht das traurige Bild vor die Augen,
  Welche als letzte mir schien in der römischen Stadt,
Ruf' ich die Nacht mir zurück, da ich vieles mir Liebe verlassen,
  Gleitet noch jetzt eine Trän' mir aus dem Auge herab.

Die Nacht neigt sich dem Ende zu, im Morgengrauen muß Ovid Rom verlassen haben. Er ist wie betäubt und denkt nicht daran, das Nötige zusammenzuraffen. Um ihn her Klagen und Weinen wie bei einem Lei-

109

Ovid in der Verbannung. Collage von Helga Ruppert-Tribian, 1990

chenbegängnis; alles betrauert ihn wie einen Toten. Seine Gattin will mit ihm gehen, doch er überzeugt sie, daß ihr Platz hier ist. Sie muß Haus und Besitztum wahren und sich für seine Rückberufung einsetzen.

Ging ich? Ach nein, man trug hinweg mich gleich einem Leichnam. Das Exil ist der soziale Tod, wie es vor Ovid schon Cicero[146] und vor diesem einst der griechische Dichter Alkaios empfunden hatten.

Die meisten Themen von Ovids Exildichtung sind hier bereits angeschlagen: Die Rom-Sehnsucht, der Kummer um den Verlust der Lieben, die Hoffnung auf Rückkehr, der Drang nach Rechtfertigung (ein *error*, kein *scelus*), die Notwendigkeit (*utilitas*), Beziehungen zu knüpfen für eine Amnestie. Zwei bedeutsame Themen kommen noch hinzu: Ovids Dichtertum als *exul poeta* und der Schauplatz seines Exils, jenes Land am Ende der Welt.

In einem Seesturm – nicht verwunderlich im Dezember auf der Adria – muß Ovid für sein Leben fürchten. Er fühlt sich wie Odysseus, der, vom Zorn eines Gottes getrieben, Seesturm und Schiffbruch erleiden mußte. Odysseus hatte jedoch die hilfreiche Göttin Athene auf seiner Seite, aber er, Ovid, ist ganz und gar von den Göttern verlassen. Im Toben der Elemente greift er zu seiner Schreibtafel. Er formt Verse und erkennt, daß auch er unter dem Schutz himmlischer Mächte steht. Die Musen sind bei ihm. Sie begleiten ihn über das stürmische Meer zu seinem Exilort und bleiben auch dort bei ihm. Indem Ovid sich im Bilde eines mythischen Helden sieht, vermag er sein Schicksal zu objektivieren und in die nötige Distanz zu stellen, so daß er es als *materia*, als Stoff für die Dichtung zu begreifen und zu ergreifen vermag.

All dies, was mir dereinst das Beispiel der Alten gezeigt hat,
wurde durch eigenes Leid jetzt mir als Wahrheit bekannt.

Trist. I 5,31 f

Die Wirklichkeit ist so «phantastisch», daß sie selbst wieder zu einer erzählenswerten Geschichte wird. Ovids Existenz hat sich so grundlegend verändert, daß *auch die Gestalt meines Schicksals einzutreten verdient in der Verwandelten Kreis* (Trist. I 1,119). Er wird zu einem Helden der *Metamorphosen* und kann seine eigene Verwandlung schildern:

Sumque argumenti conditor ipse mei – und zu meinem Gedicht lief re ich selber den Stoff (Trist. V 1,10). Dafür findet er an seinem Verbannungsort reiches Material vor. Tomi, am Nordostrand des Imperium Romanum, von barbarisch-wilden Nomadenvölkern umgeben, mit froststarrenden Wintern, ist ein Ort, an dem mythisch-literarische «Nordland»-Topoi in die Wirklichkeit übergehen, ja, von dieser noch übertroffen werden. Bei aller Klage und allem Schmerz spürt man in den Gedichten aus Tomi eine geheime Faszination Ovids. Er, der all die stimmungsmalend-phantastischen Schilderungen der Dichter vom äußersten Ende der Welt und vom

Ovid bei den Skythen. Gemälde von Eugène Delacroix, 1859. London, National Gallery

skythischen Winter kennt [147], er lebt nun hier und erlebt alles am eigenen Leib. Statt ins Arsenal poetischer Metaphern zu greifen, braucht er nur um sich zu blicken.

Natürlich ist alles, was Ovid schreibt, dichterisch geformt, doch würde man seine Poesie ihres besonderen Reizes, dieser Spannung zwischen Wirklichkeit und Dichtung, berauben, wenn man ihren Realitätscharakter ausklammern und sie nur als lyrisches Konstrukt sehen wollte. Ovids Exilpoesie wurde in der Vergangenheit vielfach in ihrem künstlerischen Gehalt geringgeschätzt und vorwiegend als Quelle für historische oder ethnographische Informationen benutzt. Dies sollte heute keinen zu starken Ausschlag des Pendels in die andere Richtung zur Folge haben. Auch bei der Suche nach literarischen Topoi ist Vorsicht geboten. Viele Züge finden sich nicht nur in der Exilliteratur unserer Zeit wieder, sondern auch zum Beispiel in Briefen deutscher Soldaten, die nach dem Zweiten Weltkrieg aus russischer Kriegsgefangenschaft schrieben: «Meine Angehörigen setzen sich nicht ein, ich bin vergessen, der ewige russische Winter.» Man wird daher auch bei Ovid eher von existentiellen Grunderfahrungen als von literarischen Mustern auszugehen haben.

Stat vetus urbs – Es gibt eine alte Stadt... das ist der Ton, in dem von Städten in sagenhafter Zeit erzählt wird, wie vom Karthago der Königin Dido in Vergils Aeneis.[148] Ovid beginnt so eine Schilderung «seiner» Stadt, die real ist und doch *an den stygischen Küsten gelegen*, am Eingang zur Unterwelt, ein Ort, wo sich Mythos und Wirklichkeit durchdringen, eine zwar traurige, aber poetisch ungemein ergiebige Szenerie für den Dichter der *Metamorphosen*.

Wie mir befohlen, zum öden Gestade des «Gastlichen Meeres»
    kam ich: dies Land, es liegt nahe dem eisigen Pol.

Trist. V 2,63 f

Ovid-Statue vor dem Archäologischen Museum von Constanţa, Rumänien

Pontos Euxeinos, das Gastliche Meer, nannten die griechischen Kolonisten einst euphemistisch das Schwarze Meer, das seinen Namen nicht von der Farbe der Wasseroberfläche hat, sondern von den dunklen Nebelmassen, die es im Winter oft bedecken. Man hatte hier die Mittelmeerwelt verlassen und traf auf kontinentales Klima: kurze Sommer und lange, harte Winter mit Kälte und Stürmen aus der russischen Steppe. Da das Wasser des Pontus einen geringen Salzgehalt besitzt und durch die einmündenden großen Ströme bedeutende Mengen Süßwasser zugeführt bekommt, kann der Pontus im Winter an den Flußmündungen zufrieren (das Lexikon verzeichnet bis zu 50 Eistage jährlich mit Festeis und Treibeis).[149]

An der nordwestlichen Küste lag Tomi (oder Tomis), das heutige rumänische Constanţa, in der Dobrudscha. Die Donau fließt hier ganz nahe der Küste, bevor sie zu ihrem Mündungsknie nach Norden abbiegt. In der Nähe von Constanţa trägt ein Ort noch den alten Namen Histria: Hister hieß die Donau (Danuvius) in ihrem Unterlauf. Tomi war im 7. Jahrhundert v. Chr. von griechischen Siedlern aus Milet gegründet worden, und zwar auf einer kleinen Halbinsel, die den einzigen Hafen der Gegend bot. Nach der Zugehörigkeit zum Skythischen Reich und den Raubzügen des Dakers Burebista war der hellenische Charakter Tomis beeinträchtigt, und die Romanisierung war durch die Dakeraufstände ins Stocken geraten. Zu den Griechen kam ein Bevölkerungsteil aus den thrakischen Geten und den skythischen Sarmaten. Man betrieb Handel, Fischfang und Landwirtschaft. Das angrenzende Gebiet gehörte zu Thrakien, das nominell ein Klientelkönigtum Roms, de facto damals aber unabhängig war. Die Stadt Tomi hatte die übliche Selbstverwaltung einer griechischen Polis und stand unter römischer Oberherrschaft. Das Gebiet am Unterlauf der Donau bildete die Provinz Moesien, die jedoch zu Ovids Zeit noch keinen eigenen Status besaß, sondern von Makedonien aus verwaltet wurde. Tomi war kein Legionslager, sondern nur durch eine kleine Garnison notdürftig geschützt. So kann Ovid zu Recht sagen, es hafte kaum am Rande des römischen Reiches und sei ein höchst unsicherer Ort.

Nachdem er, wie weiland Odysseus, *die Schrecken der See und des Landes erduldet* und endlich angekommen war, wurde ihm seine Situation erst völlig bewußt. Vorher hatte sein *animus*, sein Geist und Mut, den Übeln getrotzt, nach dem Vorbild des Helden von Ithaka, dessen Wort: «Ertrag' es, o Herz...» er zu seinem Motto macht: *Perfer et obdura!*

Nun, da die Reise beendet, die Drangsal der Fahrt überstanden,
　da ich die Erde betrat, die man zur Strafe mir wies,
mag ich nur weinen...

Trist. III 2,17ff

Er wird krank, verträgt das brackige Wasser nicht – es fehlen die römischen Aquädukte! –, der Himmel, das Klima, die Gegend, alles schlägt ihm aufs Gemüt, Fieber hält ihn gepackt, und es gibt keinen Arzt, keine

HIC EGO QVI IACEO TENERORVM
LVSOR AMORVM,
INGENIO PERII NASO POETA MEO.
AT TIBI QVI TRANSIS, NE SIT GRAVE,
QVISQVIS AMASTI,
DICERE. NASONIS MOLLITER OSSA
CVBENT.

OVIDIVS — TRISTIVM LIB III EL. III

Grabinschrift Ovids am Denkmal in Constanţa

Kost, kein geeignetes Obdach für einen Kranken. Wenn er stirbt, so schreibt er seiner Gattin, möge sie darum bitten, daß wenigstens seine Asche heimkehren kann. Sie soll dann die Urne beisetzen mit folgendem Grabspruch:

Der ich hier liege, ein Sänger der zärtlichen Liebesgefühle,
  durch mein Talent ging ich, Naso, der Dichter, zugrund.
Der du vorbeikommst, liebtest du je, so mögest du gerne
  sagen: Sanft in der Grube soll ruhen Nasos Gebein!

Trist. III 3,73 ff

So steht es heute an Ovids Denkmal in Constanţa geschrieben. *Tenerorum lusor amorum – Dichter der zärtlichen Liebe* will Ovid genannt sein, nicht Verfasser der in seinen Augen unvollendeten *Metamorphosen*. Dieses Werk war zwar schon durch Lesungen bekannt, Ovid hatte es aber noch einer letzten Glättung unterziehen wollen, bevor er es endgültig herausgab. Seinem Verleger und Freund schickt er nun ein Gedicht mit einem Vorspruch von vier Versen, den dieser der *Metamorphosen*-Ausgabe beifügen soll und in denen der Leser um Nachsicht gebeten wird.[150] Ovid erzählt im gleichen Gedicht, daß er vor seiner Abreise sein Manuskript ins Feuer warf, wobei ihm dann einfiel, daß ja Abschriften bei

Freunden zirkulierten; eine Affekt- und Verzweiflungstat angesichts des in seinen Augen nicht zur Vollkommenheit gereiften Werks, eines *rude carmen*, wie bei Vergil, der auf dem Totenbett verlangte, die Aeneis zu verbrennen.[151] Als Dichter der Liebe bezeichnet sich Ovid auch, weil er auf diesem Gebiet bereits Ruhm erlangt hat. In Anspielung auf den Grabspruch des Properz (I 7, 21f) ordnet er sich gewissermaßen in die Literaturgeschichte ein.

Wer ich gewesen, ich tändelnder Dichter der zärtlichen Liebe –
daß du, Nachwelt, erfährst, wen du gelesen – vernimm!

So beginnt Ovid sein autobiographisches Gedicht (*Tristien* IV 10), in dem er sich ebenfalls als Liebesdichter in der römischen Dichtertradition sieht und im Stolz auf seinen Ruhm bei der Mitwelt auch ein Nachleben bei späteren Generationen erwartet. Wohl haben auch römische Dichter vor ihm an einen dauernden Ruhm geglaubt, wie Ennius, und haben einiges von sich erzählt, wie Horaz oder Properz, doch keiner hat eine Lebensbeschreibung verfaßt und damit gleichsam den Grammatikern vorgegriffen, die ihren Klassikerausgaben eine Vita des Autors voranstellten. Die eigene Person ist für Ovid zur *materia* geworden, er vermag nicht nur sein Werk, sondern auch sich selbst historisch zu sehen. Neuartig ist auch, daß er die Leser der Nachwelt eigens anredet – eine Folge seiner Existenz an den stygischen Küsten. Allein, auf sich gestellt, ist ihm der zukünftige Leser seiner Versepisteln in Rom ebenso nahe wie ein späterer, der ihn irgendwo und irgendwann im lateinischen Sprachbereich lesen wird.

Aber nicht immer ist Ovid so stolz und selbstsicher. Er durchlebt das Schicksal des Exilierten in allen Stufen, wie es uns heute, im Zeitalter der Flüchtlinge und Emigranten, nur zu gut bekannt ist. So gibt es bei ihm Phasen von Depression und Selbstzweifel, Resignation und, das Schlimmste für den *exul poeta*, Anzeichen beginnender Sprachlosigkeit. Wie die Emigranten unserer Zeit geht er in Gedanken durch die Straßen seiner Heimatstadt, vergegenwärtigt sich die Namen aller Orte und Plätze, um die Erinnerung daran festzuhalten. Als Ovid von den großen Siegen des Tiberius hört, stellt er sich vor, er sei Zuschauer beim Triumphzug, und läßt die glänzende Prozession vor dem inneren Auge Revue passieren. Sicher fällt es ihm ein, daß er die gleiche Situation in heiterem Ton in seiner *Liebeskunst* geschildert hatte – als günstige Gelegenheit zum Anbandeln!

Der ewige Gegensatz von Früher und Jetzt peinigt ihn, den mondänen Großstädter und Lobredner des *cultus*, der einst ein bequemes Leben liebte, Strapazen vermied und nun aller Annehmlichkeiten beraubt ist. Auch andere sind und waren verbannt – doch keiner in eine solch öde, unwirtliche Gegend, abgeschnitten von jeglicher Kultur und Kommuni-

Glykon-Schlange, im Asklepios-Kult in Tomi verehrt, kaiserzeitlich,
Constanţa, Archäologisches Museum

kation, ohne Freunde, ohne *cultae puellae*, ohne Bücher! Es ist, um es mit
einem heutigen harten Ausdruck zu bezeichnen, Isolationsfolter.

Aber man weiß in Rom wohl gar nicht, wie schlimm es hier ist. Aus
dieser Überlegung heraus beginnt Ovid mit seinen Mitteln eine Kam-
pagne, um wenn nicht eine Amnestie, so doch wenigstens einen milderen
Exilort zu gewinnen. Seine Elegien sind «eine Art Publizistik in eigener
Sache» (Walther Kraus), nicht nur für die einzelnen Adressaten, wie den

117

Altarschrein mit Nemesis als doppelgestaltige Gottheit, kaiserzeitlich. Constanţa,
Archäologisches Museum

Freund Cotta, sondern für die Öffentlichkeit bestimmt. Ganz Rom, ja
Augustus selbst soll erfahren, wie der Dichter hier lebt, als eine Metamor-
phose seiner selbst, trauernd wie Niobe, in der Lage seiner Heroiden.
Wie die verlassenen Heldinnen geht er zum Hafen und wartet auf ein

Schiff, das einen Brief von ihm mitnimmt. Ein Jahr dauert es, bis ein Brief in Rom ist und Antwort zurückkommt. Hier ist das Land, wo er seinen eigenen mythischen Helden begegnet, einer Medea, die dem Ort den Namen gegeben haben soll: Tomi von témnein, zerschneiden. Sie hätte hier, so wird erzählt, mit Jason und dem Goldenen Vlies auf der Flucht ihren Bruder getötet und die zerstückelten Gliedmaßen ins Meer geworfen, um ihren Vater bei der Verfolgung aufzuhalten. Mit seinem Helden Leander unterhält sich Ovid sogar, und zwar angesichts des winterlichen Pontus. *Man wird es mir nicht glauben*, schreibt er, *aber ich sah die unendliche Meeresfläche stillstehen unter einer Eisdecke. Und ich betrat die harte, glatte Fläche, ging trockenen Fußes dort, wo sich sonst die Woge bricht. Hättest du, Leander, dereinst ein solches Wasser vorgefunden, wäre das Meer nicht an deinem Tode schuld gewesen.* (Trist. III 10,35 ff)

Doch nicht nur Medea und Leander, ihn selbst sollen die Freunde sehen – in den Schrecken und Unbilden des pontischen Winters. Die Leute hier sehen abenteuerlich aus. Zum Schutz gegen die Kälte und den eisigen Wind tragen sie Felljacken und lederne Hosen, dazu spitze Mützen oder Kapuzen. Und die Einheimischen, die man in Rom Barbaren nennt, aus den Weiten des Balkans und den Steppen des Donauraums, sie sind zum Teil noch Nomaden, die nur zum Markt in die Stadt kommen. Ihr wildverwegenes Aussehen, mit dem Dolch an der Seite, der oft gezückt wird, macht Ovid angst. Das Griechisch, das hier gesprochen wird, ist mit getisch-sarmatischen Worten vermischt, für Ovid zunächst ein fremdartiges Idiom. Lateinisch spricht kaum jemand, getisch ist die lingua franca. Ovid, der die anderen nicht versteht, glaubt sich beargwöhnt und verfolgt, von Feinden umgeben, eine typische Einstellung der in ihrem Selbstwertgefühl getroffenen Exulanten. *Ich bin hier der Barbar, mich versteht niemand*, versucht er zu scherzen. Im Laufe der Zeit bessert sich das Verhältnis, Ovid lernt getisch und dichtet sogar in dieser Sprache.

Die gefährdete Randlage von Tomi führt schließlich auch zu einer Schicksalsgemeinschaft zwischen dem verbannten Römer und den Tomiten. Im Winter brechen feindliche Reitervölker ein und machen Raubzüge. Sie schießen mit vergifteten Pfeilen und führen alles Hab und Gut der Bauern vor der Stadt mit sich fort. Wer ihnen lebend in die Hände fällt, den schleppen sie an einem Lasso um den Hals davon. Tomi erhält daraufhin eine Befestigung; es wird eine Art Landsturm eingerichtet. Ovid hatte sich als junger Mann vor hartem Soldatendienst zu drücken gewußt.

Jetzt, im Alter, hängt mir ein Schwert an der Seite, die Linke
  schleppt einen Schild, und ein Helm deckt das ergrauende Haupt.
Denn wenn der Wächter vom Turme das Zeichen uns gibt zum Alarme,
  rüsten zum Kampfe wir uns eilends mit zitternder Hand.
Feinde, mit Bogen bewehrt und giftgetränkten Geschossen,
  ziehn um die Mauern herum wütend auf schnaubendem Roß...

Kaum in der Welt, das glaube mir, findest du Gegenden, die sich
minder des Friedens erfreun, den uns Augustus geschenkt hat.

Trist. IV 1, 73 ff; Pont. II 5,17 f

Bei aller Anteilnahme werden die Leser ein wenig gelächelt haben. Wer erinnerte sich nicht an Ovids Bonmot: *Militat omnis amans – die Liebe ist Kriegsdienst genug* (Am. I 9,1). Was mag Augustus gedacht haben, falls er die zirkulierenden Episteln zu Gesicht bekam? Ob er Genugtuung empfand, daß der leichtfertige Poet zum Vaterlandsverteidiger geworden war, oder ob es ihn ärgerte, daß so offen davon die Rede war, wie die Pax Augusta der Mißachtung preisgegeben wurde – durch einen Haufen berittener Nomaden?

Ovid hatte sich bereits zu Anfang seines Exils in einem offenen Brief an Augustus gewandt (das 2. Buch der *Tristien*). Nach dem Vorbild des Horaz[152] hatte er ihn als Literaturfreund und -kenner in Anspruch genommen und sich zu rechtfertigen versucht. Wie Horaz redet er Augustus als praesens deus an, als hienieden gegenwärtigen und sichtbaren Repräsentanten der Götter und ihres Weltregiments. Wie zum Schluß der *Metamorphosen*, so stilisiert Ovid auch hier den Princeps zum Gott – um seiner eigenen Rolle willen. Der in den Ostprovinzen übliche Kaiserkult – in Histria wurde ein Augustus-Tempel ausgegraben – bestärkte ihn zweifellos darin. Als zuerst zürnender, dann aber großmütig verzeihender Jupiter vermag Augustus Gnade zu üben, ohne einen Irrtum eingestehen zu müssen.

Damit stellt Ovid auch sein eigenes Vergehen in ein anderes Licht. Die Musen, seine Dichtung, haben ihn ins Unglück gestürzt, sagt er und erkennt aus der Distanz, daß ihn Augustus nicht nur für jenes *crimen*, das ein *error* war, bestraft hat. Er traf ihn als Repräsentanten und Lobredner der «neuen Zeit», die nicht nur Luxus und lockere Sitten, sondern allgemein die Freizügigkeit des einzelnen mit sich gebracht hat: «Was sie wollten, galt ihnen für erlaubt» – wie es der im Alten verwurzelte Velleius Paterculus ausgedrückt hatte. Das traf zu für Augustus' Tochter, die es ihn fühlen ließ, daß sie einer anderen Generation angehörte, und es galt für deren Kinder, nicht nur für die jüngere Julia, sondern auch für Gaius und Lucius, deren freies Betragen Augustus tadelnswert fand[153], von Agrippa Postumus ganz zu schweigen. Ovid hatte in seiner Dichtung den Freiraum des Individuums nachdrücklich verteidigt – Augustus verstand genügend von Literatur, um dies zu spüren. Aber nun, so meint Ovid, hat es keinen Sinn mehr, darüber zu rechten, die Standpunkte sind unvereinbar. Allein dadurch, daß er einen Gott erzürnte, hat Ovid Strafe verdient, er gesteht es ein, nur will er sie nicht ausgerechnet hier am Ende der Welt verbüßen und auch nicht sein Leben lang.

Jahr auf Jahr vergeht, Ovids Haar wird weiß, es kommt keine Botschaft. Zweifel quälen ihn, ob sich seine Frau, seine Freunde genügend für ihn einsetzen. Wie er sich im Bilde des Odysseus sieht, so verpflichtet er seine Frau auf die Rolle der unerschütterlich treuen Penelope, die ihrem Gatten Haus und Hof wahrt. Er spricht sie niemals mit ihrem Namen an; wir wissen, daß sie eine Tochter aus einer früheren Ehe hatte und daß sie mit Marcia, einer Kusine des Augustus, eng vertraut war, der Gattin von Ovids Freund Fabius Maximus. Marcia war befreundet mit Livia, und Ovid hoffte auf deren Fürsprache. So ist es auf dem Bild in der Klosterbibliothek von Wiblingen dargestellt (vgl. S. 102/103): Ovids Frau liegt bittflehend zu Füßen des Augustus, dessen Gemahlin Livia tritt für sie und Ovid ein. Ob dies der Wirklichkeit entsprach, muß dahingestellt bleiben, vermutlich war eine Rückkehr des verbannten Dichters nicht im Interesse Livias. Ovid gehörte nicht zu den Parteigängern ihres Sohnes Tiberius.

Trotz der spärlichen Daten deuten die Versepisteln, denen wohl jeweils noch persönliche Briefe folgten, auf eine treue Verbundenheit der Gatten. Auch seine Freunde fordert Ovid immer wieder auf, sich für ihn einzusetzen. Während er es in den *Tristien* aus Vorsicht vermied, die Freunde beim Namen zu nennen, redet er sie in den folgenden *Epistulae ex Ponto* an, scherzt auch einmal, als er den Namen Tuticanus nicht im Vers unterbringen kann (Pont. IV 14,1f). Offenbar haben ihm die Freunde vorgeworfen, in seinen Gedichten ginge es stets um das gleiche, er verlange einen milderen Exilort und erzähle seine Geschichten aus dem «nordischen Winter», wie er von Feinden umringt sei. Dieser Vorwurf der Monotonie wurde Ovid bis in die neueste Zeit hinein gemacht; erst jetzt entdeckt man, mit wieviel Kunst Ovid «immer dasselbe sagt»[154]. Das monomanische Kreisen um ein Thema zeigt kein Nachlassen der dichterischen Kraft; es ist inzwischen nicht nur aus der Exilliteratur unseres Jahrhunderts, sondern auch aus Briefen von Emigranten, Kriegsgefangenen und Heimatlosen als ein exilpsychologisches Phänomen hinreichend bekannt. Die Erkenntnisse der Exilforschung verbieten zugleich die naive Frage, ob denn Ovids Tomi nicht auch schöne Tage gehabt habe. Constanţa liegt ja nahe dem heute als «Sonnenstrand» bekannten Urlaubsgebiet von Mamaia. Doch brachten vor der Entwässerung der Gegend im vorigen Jahrhundert die dortigen Lagunen eher feuchtheißes, ungesundes Sommerklima. Für einen *exul poeta* wie Ovid konnte es keinen Akklimatisierungsprozeß geben: er wäre eine Selbstaufgabe gewesen. «Vertriebene sind wir, Verbannte. / Und kein Heim, ein Exil soll das Land sein, das uns aufnahm», sagt Bertolt Brecht.[155] Ovid bittet die Freunde um Verständnis; er schreibt, um bei ihnen zu sein, nicht um als Dichter zu brillieren:

Ut desint vires, tamen est laudanda voluntas –
Wenn auch die Kräfte fehlen, so ist doch der Wille zu loben.

Pont. III 4,79

Anonymer Kupferstich aus dem 18. Jahrhundert

Selbst wenn er sein Ziel nicht erreicht, er muß weiterschreiben:

Exulis haec vox est, praebet mihi littera linguam
  et si non liceat scribere, mutus ero.
Die Stimme eines Verbannten ist dies. Mir verleiht der Brief Sprache,
  und wenn ich nicht schreiben dürfte, wäre ich stumm.

Pont. II 6,3 f

Seine Dichtung ist Selbsttröstung und Selbsttherapie, Remedia doloris. Ovid schafft ein poetisches Pendant zur Konsolationsliteratur, die es in der Prosa gab: Trostschreiben nicht nur an andere, sondern auch an sich selbst, ad me ipsum. Cicero hatte nach dem Tod seiner Tochter Tullia eine solche Schrift an sich verfaßt. Man schöpfte die Trostgründe aus der Philosophie und fand darin Halt, bis hin zur Consolatio des Boëthius, dem die Philosophie in eigener Person im Kerker von Pavia erscheint (524 n. Chr.) und ihm angesichts des nahen Todes Trost spendet.[156] Ovid wird von den Musen getröstet. Schon seit seiner Jugend sind sie ihm mehr als metaphorischer Schmuck, sie sind eine göttliche Kraft. *Est deus in nobis – es waltet ein Gott in uns, den Dichtern*, hatte er in den *Fasten* gesagt und wiederholt es nun.[157] Wenn er dichtet, fühlt er sich von seinem Kummer befreit. Für ihn traf zu, was später Goethe seinen Torquato Tasso aussprechen ließ: «Und wenn der Mensch in seiner Qual verstummt, gab mir ein Gott zu sagen, was ich leide.»

Führerin und Gefährtin, *dux* und *comes*, ist ihm die Muse, sie führt ihn hinweg von der Donau und gibt ihm einen Platz auf dem Helikon, dem Berg der Musen. Ein Reich des Geistes tut sich auf, in dem Ovid zu Hause ist und aus dem ihn niemand vertreiben kann. *Dux comesque*, Führer und Geleiter, ist Ovid selbst in diesem Musenreich. Die Dichtung hat sich für ihn als unzerstörbarer Kern des Lebens erwiesen, und er möchte diese seine Erkenntnis weitergeben. In einer programmatischen Versepistel erleben wir ihn als Magister einer jungen Dame – nicht als Lehrer tändelnder Liebe, sondern als geistiger Vater einer Dichterin namens Perilla (vielleicht seine Stieftochter).[158] Sein Brief soll sie fragen, ob sie sich noch wie früher den Musen widmet. Sie soll sich durch sein Schicksal nicht abschrecken lassen, weiterhin zu dichten (wenn es nicht gerade eine *Liebeskunst* ist!). *Hab keine Angst, Perilla, meide, du Kunstreiche, den Müßiggang, kehre zu den schönen Künsten und in dein Heiligtum zurück.* Sie soll daran denken, wie er ihr Lehrer und Kunstrichter war, wie er ihre Verse prüfend anhörte und ihr, wenn sie müßig war, einen stillen Vorwurf bot zum Erröten. Ihre Schönheit wird vergehen, das zerstörende Greisenalter wird von ihr Besitz ergreifen, alles ist vergänglich, nur die Güter des Geistes nicht.

Sieh mich an, der die Heimat entbehrt, sein Haus und euch alle,
mich, dem man alles geraubt, was man zu nehmen vermocht;
dennoch geht meine Kunst mit mir, ich erfreue mich ihrer;
da hat der Kaiser selbst keinerlei Recht oder Macht...
du auch, der größeres Glück mit der Kunst als mir sei beschieden,
rette, soweit du es kannst, dich vor dem künftigen Tod!

Trist. III 7,45 ff

In seiner *Liebeskunst* hatte Ovid die jungen Männer und Mädchen bereits aufgefordert, sich um Bildung zu bemühen, ihren Geist zu trainieren, da dies, im Gegensatz zur Schönheit, ein dauernder Besitz sei. Hier nun zeigt sich, wie ernst es ihm damit ist. Wie für Cicero gilt für ihn: Man lebt und überlebt nur im geistigen Schaffen. Und dieses hat seinen Eigenwert, auch wenn kein ewiger Ruhm winkt. Man gewinnt dafür innere Freiheit und triumphiert selbst über den Caesar und dessen Macht. Diese kühne Souveränitätserklärung ist – man beachte – an eine Frau gerichtet. Ovid hat die Frauen nicht nur in der Liebe, sondern auch im Reich des Geistes als gleichberechtigt angesehen und hohe Forderungen an sie gestellt, wie der anspruchsvolle Lektürekanon in der *Liebeskunst* zeigt.[159] Ganz zum Stil seiner «neuen Zeit» gehört sein Appell an Perilla, sich durch geistige Leistung über Alter und Tod zu erheben. Für eine römische Matrone hätte es genügt, Kinder und Kindeskinder zu hinterlassen. Innere Unabhängigkeit, Selbstverwirklichung, für eine Frau, Perilla – damals auch für Julia? Ovid war ein Magister, er wußte es so gut wie Augustus. Und der hatte ihn ans Ende der Welt geschickt, um sein Rom vor dem Einfluß dieser Lehren zu bewahren, so wie Platon die Dichter aus seinem Idealstaat verbannt hatte.

Ovid mußte in Tomi bleiben, aber trotz aller Enttäuschungen gab er seine Bemühungen um eine Rückkehr nicht auf. Er arbeitete seine *Fasten* um und widmete sie dem jungen, vom Siegesglanz umstrahlten Prinzen Germanicus. Dieser dichtete selbst, und er war der Schwager der Julia und des Agrippa Postumus, allerdings auch der Stiefsohn des unerbittlichen Tiberius. Um die Fastendichtung zu Ende zu bringen, fehlte es Ovid freilich nicht nur an Büchern – man konnte, um jene lebendige Atmosphäre der bisherigen Teile zu erreichen, Roms Feste nicht aus der Erinnerung beschreiben.

In getischer Sprache dichtete Ovid einen Lobpreis des Augustus und seines Hauses, den er öffentlich vortrug. Wie er selbst berichtet, hätten alle vor Bewunderung mit den Pfeilen im Köcher gerasselt und gemeint, ein solch loyaler Dichter müsse doch schon längst begnadigt sein. Die griechische Behörde verfaßte ein Ehrendekret für ihn und gewährte ihm Steuerfreiheit. Er wurde zu einer Lokalberühmtheit, ja, es kamen auch Reisende vorbei, um ihn zu besuchen. Die Einwohner von Tomi nahmen es ihm jedoch übel, daß er beständig klage und sie so schlecht mache. Ovid rechtfertigte sich: Gegen die Menschen hätte er nichts (mit ihnen hatte er sich offenbar inzwischen angefreundet) – aber das unruhige Land und das rauhe Klima! Er schließt begütigend:

Weil ihr Tomiten fürwahr meines Schicksals freundlich euch annehmt...
ist auch Tomi mir teuer, das mir aus der Heimat Vertriebnem
   gastlich bleibt und getreu bis auf den heutigen Tag.

Pont. IV 14,47; 59f

Zehn lange Jahre hat der Dichter an den Gestaden des Schwarzen Meeres zugebracht. In seiner letzten Lebenszeit entstand – neben einem bitterbösen Schmähgedicht auf einen uns unbekannten Feind, der in Rom gegen ihn wühlte (*Ibis* – *«Schmutzvogel»*)[160] – noch der Anfang einer *Kunst des Fischens* – *Halieutica*, wieder ein Lehrgedicht, diesmal in Hexametern. Der Beschreibung von Fischarten des Pontus gehen allgemeine Betrachtungen zur Natur und Tierwelt voraus. Sollte hier eine «Naturgeschichte» in Versen entstehen? Offenbar war der Dichter inzwischen bereit, sich Neuem zuzuwenden.

Im Winter 17/18 n. Chr. ist er in Tomi als fast Sechzigjähriger gestorben. Und sein Tomi, das heutige Constanţa, ist ihm wahrhaft treu geblieben bis auf den heutigen Tag. Eine Legende erzählt von einem Grab vor den Toren der Stadt, an dem Skythen und Geten das Andenken des Poeten verehrten. Eine Statue des Dichters erinnert noch heute an ihn. Sie ist von Ettore Ferrari aus Sulmona geschaffen (1887), von dem auch das Denkmal in Ovids Geburtsstadt stammt, ein Zeichen für die Verbundenheit beider Länder im romanischen Erbe. Die rumänischen Wissenschaftler hüten sein Werk und veranstalten Ovid-Kongresse, auf denen noch lateinisch gesprochen wird. Die Touristen der Gegend erhalten eine Broschüre, in der Ovid als ehemaliger berühmter Einwohner der Stadt vorgestellt wird. In einem seiner späten Gedichte hatte er gesagt:

Sei denn mein Rom dieser Ort, den mir das Schicksal bestimmt!
Hier ist der Schauplatz, der meine traurige Muse befriedigt:
So verdient' ich's. Und so haben's die Götter gewollt.

Pont. I 5,68ff

Zu Ovids Nachleben

Ovid war seit dem Erscheinen der *Liebeskunst* Roms berühmtester Dichter. Es gab Büsten von ihm, man trug sein Bild im Siegelring. Leider hat sich keines seiner Porträts erhalten. Da er dieses Schicksal unter anderem mit Horaz teilt, wird man es nicht auf seine Verbannung zurückführen können. Seine Werke kehrten wohl bald in die Bibliotheken zurück, die *Metamorphosen* begannen ihren Siegeszug als Hand- und Hausbuch des Mythos. Als einen perfectissimus in seiner Kunst rühmt ihn noch unter Tiberius der kaisertreue Velleius Paterculus.[161] Es gab auch kritische Stimmen. Der Rhetor Seneca berichtet, Ovid habe seine Fehler sehr wohl gekannt, sei aber in seine Dichtung allzu verliebt gewesen, um sie auszumerzen. Es habe ihm also bei seinem unbestreitbar großen Talent nicht das Urteilsvermögen gefehlt, sondern der Kunstwille. Er habe dazu selbst gesagt, ihm erscheine ein Gesicht hübscher, auf dem sich ein Schönheitsfleck finde.[162] Die kaiserzeitlichen Dichter, wie Martial und Juvenal, lassen erkennen, daß sie von Ovids Wort- und Verskunst profitierten. Er hatte der lateinischen Sprache einen Glanz und eine Leichtigkeit verliehen wie kein Dichter zuvor und keiner nach ihm.

Die *Metamorphosen* wurden zum Schulbuch und Ovid gelangt als Klassiker in die Klosterbibliotheken. Als Autor stand er im frühen Mittelalter im Schatten Vergils, der in seiner 4. Ekloge, wie man glaubte, die Geburt des Heilands prophezeit hatte. Während die Zeit nach der Karolingischen Renaissance eine aetas Vergiliana war, brach dann, im späten 11. und frühen 12. Jahrhundert, eine aetas Ovidiana an.[163] Nicht mehr der Mönch, sondern der gebildete Hof- und Weltmann war der Typus der Zeit. Die Damen wurden angedichtet, man tauschte Versepisteln mit Freunden aus und verfaßte schwankhafte Erzählungen in Distichen, kleine Komödien mit Liebesintrigen: die Zeit für einen Dichter wie Ovid. Man schulte sich nicht nur an seiner Verskunst und übernahm seine Themen, sondern suchte zugleich seinen Leitbegriff des *cultus* zu übertragen. Unter diesem Aspekt fand auch Ovids Liebesdichtung Eingang in den Unterricht und wurde von den Klerikern, von Mönchen und Nonnen behandelt, zitiert und abgeschrieben. Das Meisterwerk des Mittelalters, der Roman de la Rose, ist ohne den Einfluß des Liebesdichters Ovid nicht

Ovid als mittelalterlicher Gelehrter, 1474. Sulmona, Museo Civico

denkbar. Ganz wörtlich nahmen ihn die fahrenden Sänger wie der Archi-
poeta, der in seiner Vorliebe für die Freuden des Bacchus und der Venus
und seiner Ablehnung eines Lebens in Amt und Würden der Lebensauf-
fassung des Ovid und seiner *Amores* entspricht.

Doch nicht nur als Liebesdichter, auch als Gelehrter war Ovid eine
Autorität. Seine Kosmogonie am Anfang der *Metamorphosen* forderte

Ovid mit seinen Kommentatoren. Titelholzschnitt zu: Ovid, De Fastis. Venedig 1502

zur Stellungnahme heraus: Ist die Welt stufenweise aus einer bereits vorhandenen Materie entstanden, von Gott und der Kraft der *natura* geordnet, oder, wie die Bibel sagt, als creatio ex nihilo, als Schöpfung Gottes aus dem Nichts?[164] Ovid fand Anhänger unter den Gelehrten, bis die Hochscholastik mit ihrer strengen Begrifflichkeit Ovid den Nimbus des Allweisen nahm, den er jedoch in der Volkssage behielt, vor allem in der Gegend von Sulmona. Dort galt er bis in die Neuzeit, ähnlich wie Vergil in Neapel, als Gelehrter, als Magier: Hexenmeister und Heiliger zugleich, der viele Abenteuer besteht, sich schließlich in des Kaisers Töchterlein verliebt und von diesem verbannt wird – nach Sibirien, wo er an der Kälte stirbt.[165] Nach anderer Version aber wurde der verbannte Ovid vom heiligen Johannes, dem Verbannten von Patmos, bekehrt und schließlich Bischof von Tomi. Vielleicht wohnt er jedoch auch noch, auf einem riesigen Goldschatz sitzend, in den Ruinen seines Hauses in Sulmona. Wenn ein Gewittersturm losbricht, sagt man: «Ovidio viene in carrozza», «Ovid kommt im Wagen dahergefahren». Er hatte, so hieß es, einmal eine prächtige Villa herbeigezaubert, mit einem Springquell, dessen Brunnenbecken, Fonte d'Amore, man heute noch sehen kann.

Den größten Einfluß erlangte Ovid jedoch als Dichter der *Metamorphosen*, bis in die Gegenwart das «romanhaft spannende Repertorium der Mythologie» (Ernst Robert Curtius). Götter und Helden der Antike lernte man aus Ovid kennen, zumal das Griechische im Mittelalter weithin unbekannt war. «Die Bibel der Heiden» wurden die *Metamorphosen* genannt. Aber man gab sich mit dem mythologischen Stoff nicht zufrieden, sondern suchte wie bei Vergil nach verborgenen Weisheiten. Die Verwandlungssagen wurden allegorisiert und christlich gedeutet: Apollo und Daphne – der Christ, der der göttlichen Weisheit nachjagt. «Man möchte meinen, die Moralisierung der *Metamorphosen* sei die verwegenste Verwandlung, die einem Ovid zustoßen kann.» (Franco Munari) Im 14. Jahrhundert entstand in französischer Sprache ein Werk in 72 000 Versen, der «Ovide moralisé»; eine deutsche Übersetzung der *Metamorphosen* schuf Albrecht von Halberstadt schon um 1220. In der volkssprachlichen moralisierenden Auslegung wurde Ovids Werk zu einem Tresor christlicher Lebensweisheiten für jedermann. So tritt Ovid neben Vergil, mit dem er in Dantes «Göttlicher Komödie» als einer der Großen des Geistes erscheint.[166]

In der Renaissance sorgten der Buchdruck und viele Übersetzungen für weite Verbreitung. Man sucht kein fabula docet mehr, sondern hat Freude am Sinnlichen und Körperhaften der ovidischen Gestalten, die nun ihren Siegeszug in der Welt der Kunst antreten. Die bildende Kunst wie die Musik emanzipieren sich mit Hilfe von Ovids Stoffen von ihrer ausschließlich religiösen Thematik. Die Oper beginnt mit «Daphne» und «Orpheus», und der Künstler Filarete schmückt 1445 die Bronzetüren von St. Peter mit Geschichten aus den *Metamorphosen*, darunter Narziß an der Quelle. Jene heute oft schwer nachvollziehbare Durchdringung christlicher und heidnischer Bildwelten selbst in Papstgemächern ist vor allem von Ovid geprägt. In der Literatur würdigen Petrarca, Boccaccio und Coluccio Salutati den römischen Dichter[167], der dann von Shakespeare eine kongeniale Huldigung erhält: «Wie süß das Mondlicht auf dem Hügel schläft! . . . In solcher Nacht wie diese . . . schlüpft' überm Taue Thisbe furchtsam hin . . . in solcher Nacht stand Dido . . . und winkte ihrem Liebsten zur Rückkehr nach Karthago . . . in solcher Nacht las einst Medea jene Zauberkräuter . . .» («Der Kaufmann von Venedig», 5. Aufzug, 1. Szene) Pyramus und Thisbe treten in komischer Form im «Sommernachtstraum» auf; «Venus und Adonis» und «Der Raub der Lukrezia» zeigen den Einfluß ovidischer Themen.

Im Barock triumphiert die Bilderwelt der *Metamorphosen* in Statuen, Gemälden, Fresken, Gobelins bis hin zur Kleinkunst aller Art wie Porzellanmalerei und Stickerei. Die Schlösser in ganz Europa werden mit ovidischen Szenen und Motiven geschmückt, die Gärten mit Brunnen, Grotten und Lustorten ausgestattet, in denen sich Ovids Figuren treffen, Apollo und Daphne, Pan und die Nymphen.

Das 18. Jahrhundert mit seiner Kultur der Empfindsamkeit war für die Lektüre Ovids besonders empfänglich. Ovid kann dazu dienen, die jugendliche Einbildungskraft mit den schönsten und schicklichsten Bildern auszustatten und ihr so die nötige «Cultur» zu vermitteln. «Besonders

Anrufung Ovids.
Radierung und
Aquatinta von
Max Klinger.
Aus dem Zyklus
«Rettungen
Ovidischer Opfer»,
1879

werden sich viele Züge eindrücken, welche dem jungen Leser eine Einsicht in die verborgenern Winkel des menschlichen Herzens und seiner
Leidenschaften geben, eine Kenntnis ... von welcher Ovid ein gar treff-
licher Meister war.» So der Göttinger Philologe Christian Gottlob Heyne
1765 in seiner Einleitung zu einer Ovid-Ausgabe, zitiert in Goethes
«Dichtung und Wahrheit».[168]

Auf Goethe hat Ovid diese Wirkung in reichem Maße ausgeübt. Schon
als Knabe las er die *Metamorphosen* und prägte sich die Fülle bunter Gestalten und Ereignisse ein, die für ihn immer ein Schatz der Poesie blieb.
Die durch Winckelmann ausgelöste Griechen-Begeisterung führte seit
dem Sturm und Drang allgemein zu einer Abwertung der römischen Lite-

ratur, die als nicht «original», sondern nur nachahmend galt. Dieser besonders in Deutschland tiefgreifende Wandel stellt sich dar im Streit Goethes und Herders um Ovid. Der Student Goethe wird von Herder wegen seiner Freude am Ovid getadelt. Es finde sich keine eigentliche, unmittelbare Wahrheit in diesen Gedichten, alles sei vielmehr Nachahmung und die manierierte Darstellung eines Überkultivierten. Goethe nahm seinen Liebling in Schutz und behauptete, was ein vorzügliches Individuum hervorbringe, sei doch auch Natur. Obwohl sich Goethe damals gegen Herder nicht durchsetzen konnte, ließ er sich auf die Dauer seine Freude an Ovid nicht nehmen. «Wilhelm Meister», «Die römischen Elegien», die «Italienische Reise» und «Faust II» zeigen Ovids Einfluß. «Abends für mich... Ovids Verwandlungen», vermerken die Tagebücher. Einmal dankt er für die Zusendung einer Übersetzung: «Sie liest sich gar angenehm, und in so wilden, kriegerischen Zeiten ist die Heiterkeit dieses glücklichen Römers höchst willkommen.»[169]

Zwischen den beiden Polen des Herderschen und des Goetheschen Urteils bewegt sich die Einschätzung Ovids bis in die neuere Zeit: Manieriertheit, Rhetorisierung, Oberflächlichkeit, dazu unmännliche, mono-

Ehrung Ovids in Sulmona

Szene aus «Staschek oder Das Leben des Ovid» von Hartmut Lange. Staatstheater Stuttgart 1973. Von rechts: Staschek (Manfred Zapatka), Estragon (Martin Schwab), Ovid (Karl Heinz Pelser)

tone Klage aus dem Exil – oder aber Feinnervigkeit, Kultiviertheit, psychologische Einsicht, poetische Bildersprache und Gestaltungskunst. Die Einschätzung Ovids scheint ein Barometer zu sein für den Zeitgeist. Dem mittelalterlichen Ovide moralisé entspricht heute der psychologisierte, ja psychoanalysierte Dichter. Narziß und Narzißmus, Icarus und die Grenzen des Forscherdrangs, Orpheus und das Problem des Künstlertums, Ovids Verbannungsgedichte als exilpsychologisches Phänomen – die Interpretationen künden vom Interesse an jenen «verborgenern Winkeln des Herzens», die schon das 18. Jahrhundert an Ovid studieren wollte. Auch die «Wiederkehr des Mythos» lenkt den Blick auf Ovid. Als einen Reigen archetypischer Szenen um Liebe, Tod und Verwandlung inszenierte Achim Freyer die *Metamorphosen* 1987 am Wiener Burgtheater.

Und der Dichter und sein Werk erlebten eine neue Metamorphose in Christoph Ransmayrs Roman «Die letzte Welt» (1988). Ovids Freund Cotta begibt sich nach Tomi, auf der Suche nach dem Dichter und seinem

Werk, und gerät in eine seltsame Welt «an den verwildernden Grenzen des Imperiums», wo sich die Bewohner verwandeln, in Stein, in Vögel, in Wölfe oder in den Hall des Echos. Und Ovid, so erkennt Cotta, bevor er selbst in die Verwandlung eingeht [170], «hatte schließlich seine Welt von den Menschen und ihren Ordnungen befreit, indem er jede Geschichte bis an ihr Ende erzählte. Dann war er wohl auch selbst eingetreten in das menschenleere Bild, kollerte als unverwundbarer Kiesel die Halden hinab, strich als Kormoran über die Schaumkronen der Brandung oder hockte als triumphierendes Purpurmoos auf dem letzten, verschwindenden Mauerrest einer Stadt.»

Anmerkungen

Autorennamen mit Erscheinungsdatum finden sich ausführlich zitiert in der Bibliographie. Darüber hinaus werden folgende Siglen verwendet:

ANRW = Sammelwerk Aufstieg und Niedergang der römischen Welt. Geschichte und Kultur Roms im Spiegel der neueren Forschung. II. Teil: Principat. Hg. von W. Haase. Berlin und New York 1980 ff

AU = Der altsprachliche Unterricht

Gymn. = Gymnasium. Zeitschrift für Kultur der Antike und humanistische Bildung

RE = Realencyklopädie der classischen Altertumswissenschaft, hg. von Pauly-Wissowa

WdF = Wege der Forschung, Sammelbde. der Wissenschaftlichen Buchgesellschaft Darmstadt

M. von Albrecht, Interpretationen = Interpretationen und Unterrichtsvorschläge zu Ovids «Metamorphosen». Consilia Heft 7. Hg. von H.-J. Glücklich. Göttingen 1984

Ovid WdF = Ovid, hg. von M. von Albrecht und E. Zinn. Darmstadt 1982 (Wege der Forschung XCII)

1 Vgl. W. Stroh, Ein mißbrauchtes Distichon Ovids, in: Ovid WdF S. 567–580

2 Zu Catull vgl. E. A. Schmidt, Catull. Heidelberg 1985. – Zu Clodia vgl. B. Kreck, Untersuchungen zur politischen und sozialen Rolle der Frau in der späten römischen Republik. Diss. Marburg 1975

3 Vgl. M. Giebel, Augustus, Rowohlts Monographien Nr. 327, S. 58 ff

4 Vgl. Augustus, Res gestae – Tatenbericht, Kap. 34 (Reclam-Ausg., hg. von M. Giebel); A. Heuß, Römische Geschichte, Braunschweig [4]1976, S. 272 f; Chr. Meier, Augustus. Die Begründung der Monarchie als Wiederherstellung der Republik, in: Die Ohnmacht des allmächtigen Diktators Caesar. Frankfurt a. M. 1980, S. 225 f

5 Vgl. dazu B. Kreck (s. Anm. 2)

6 Tibull I 1

7 Properz I 7,23 f (zit. in der Übersetzung von W. Willige, Tusculum-Ausgabe)

8 Ihr Begründer war Gallus gewesen, ein Freund Vergils (vgl. dessen 10. Ekloge); von seiner Dichtung ist jedoch wenig bekannt. Vgl. F. Graf, Die Gallus-Verse von Qasr Ibrim, in: Gymn. 89, 1982, S. 21–36; B. Chwalek, Elegische Interpretationen zu Vergils zehnter Ekloge, in: Gymn. 97, 1990, S. 304–320, bes. S. 308 f

9 Vielleicht von armenisch: elegn, Flöte, abzuleiten

10 Tibull I 5,1f; I 1,59, übers. von W. Willige (Tusculum-Ausgabe)
11 Zum recusatio-Topos, der seit Kallimachos geübten Abwehr, ein großes Epos zu schreiben, vgl. W. Wimmel (1960), bes. S. 300ff
12 Venus erscheint als Göttin der Kultivierung und Gesittung bei Lukrez (s. Anm. 26); vgl. auch V. Buchheit, Ovid und seine Muse im Myrtenkranz, in: Gymn. 93, 1986, S. 257–272
13 So H. Fränkel (1970), S. 35; L. P. Wilkinson (1955), S. 46; G. Luck (1961), S. 174f; Anders W. Stroh (1971), S. 165ff. – In Ovids Amores III 12,43f heißt es nur, daß das übertriebene Lob des Mädchens erdichtet sei, nicht diese selbst. In ihr Bild flossen wohl noch Züge anderer Mädchen ein, so wie dies Goethe von der Gestaltung seiner Lotte im «Werther» erklärt (Dichtung und Wahrheit, 3. Teil, 13. Buch, Sophienausgabe 28. Bd., Weimar 1890, S. 233)
14 Am(ores) II 1,5
15 Vgl. H. E. Troje, Gestohlene Liebe. Zum Problem der Rettung der Ehe. Stuttgart 1988/München 1992
16 Her(oides) 12; Met(amorphosen) VII 1–424; Trist(ien) III 9. Zu «Medea» und «Thyestes» vgl. Tacitus, Dialogus 12,6; Quintilian, Institutio oratoria X 1,98; VIII 5,6
17 Horaz, Episteln II 1,214f
18 Trist. V 7,27f und II 553f. Das anschließende Zitat von Wilfried Stroh entstammt einem Brief an die Autorin
19 Her. XV. Zu Sappho und Phaon vgl. M. Giebel, Sappho. Rowohlts Monographien Nr. 291, S. 122f
20 Liebeskunst III 345f – Properz: IV 3
21 Christine Brückner, «Wenn du geredet hättest, Desdemona». Ungehaltene Reden ungehaltener Frauen. Hamburg 1983
22 Zum Vergleich mit Kallimachos' «Aitia» vgl. H. Fränkel (1970), S. 55f; W. Kraus, Ovid WdF, S. 289ff
23 Hauptvertreter sind Arat (3. Jh. v. Chr.): «Himmelserscheinungen» («Phainomena») und Nikander (2. Jh. v. Chr.), dessen Gedicht über den Landbau Vergil bei seinen «Georgica» beeinflußte
24 Vgl. M. Giebel, Vergil. Rowohlts Monographien Nr. 353, S. 61ff
25 In den Tristien II 471ff rechnet er sich aus taktischen Gründen zu den Virtuosen hellenistischen Stils, doch die zahlreichen Anklänge und Zitate zeigen, daß er sich in der Tradition von Lukrez und Vergil fühlte. Vgl. E. Kenney, Nequitiae poeta, in: N. Herescu (Hg.), Ovidiana. Paris 1958, S. 201–209
26 Vgl. Lukrez, De rerum natura – Von der Natur der Dinge, Anfang sowie V 962ff; V 1017f; Ovid Fast(en) IV 1. Vgl. auch V. Buchheit (Anm. 12) S. 270
27 Zu den Leges Juliae (wie üblich nach dem Familiennamen dessen benannt, der das Gesetz einbrachte, nach C. Julius Caesar Augustus) vgl. D. Kienast, Augustus. Prinzeps und Monarch. Darmstadt 1982, S. 137ff; W. Stroh, Gymn. 86, 1976, S. 323–352
28 Vgl. Sueton, Augustus, Kap. 34
29 Prop. II 7
30 M. L. Moeller, Die Liebe ist das Kind der Freiheit, Reinbek 1986, S. 30. Ähnlich E. Fromm (der Ovid nicht erwähnt) in: Die Kunst des Liebens. Dort heißt es: «Bezüglich der Kunst des Liebens bedeutet das, daß jeder, der ein Meister in dieser Kunst werden möchte, in jeder Phase seines Lebens Disziplin, Kon-

zentration und Geduld praktisch üben muß.» (Ausgabe Ullstein Materialien, Frankfurt/Berlin/Wien 1980, S. 122)

31 Ars II 682–84; III 793 ff; II 725 ff

32 Vgl. H. Fränkel (1970), S. 71: «ein nachträglicher Einfall». E. Küppers (ANRW Bd. II 31,4, S. 2534): «Die Gründe, die Ovid zur Fortsetzung der Ars Amatoria veranlaßt haben, sind für den heutigen Leser nicht mehr feststellbar.» Vgl. auch W. Kraus, Ovid WdF, S. 99 ff

33 Remedia amoris 10

34 Aeneis VIII 347 ff, vgl. auch Vergil, Georgica II 458 ff. Dazu M. Giebel, Vergil, a. a. O., S. 104

35 Ars I 177 ff; vgl. Velleius Paterculus, Römische Geschichte II 101 (Reclam-Ausgabe, lat.-dt. hg. von M. Giebel). Vgl. auch U. Schmitzer, Zeitgeschichte in Ovids Metamorphosen. Mythologische Dichtung unter politischem Anspruch. Stuttgart 1990, der auf Grund dieses Lobpreises Ovid als Parteigänger des Gaius sieht und die Metamorphosen-Geschichte von Picus und Circe (XIV 320–434) auf Livia und ihre vermutete Mitschuld am Tod des Gaius deutet (S. 108–133; 300)

36 Tac., Annalen III 55, vgl. auch Horaz, Satiren II 7, 22 ff; Ovid, Fasten I 225 f

37 Vgl. auch Ovids Fragment *Medicamina faciei femineae, Mittel zur weiblichen Gesichtspflege*, 7: *Culta placent – Alles Kultivierte findet Gefallen*

38 Vgl. Pontes, Begleitbuch zur Lektüre nach übergeordneten Themen, hg. von J. A. Mayer. Stuttgart 1972, S. 90. – Zum folgenden Suet. Aug. 64; 73

39 Vgl. H. E. Troje (s. Anm. 15)

40 Die sechs kleinen Liebeselegien der Sulpicia sind im Corpus der Tibull-Gedichte überliefert, Buch 4, VII–XII. Übers. von W. Willige (Tusculum-Ausgabe). – O. Seel in: Römertum und Latinität. Stuttgart 1964, S. 403

41 Od. VIII 266 ff; Ars II 561 ff; Met. IV 171 ff

42 Remedia 392, vgl. H. Fränkel (1970), S. 78 f

43 Ars II 21 ff; III 686 ff; II 561 ff

44 Das Erklären von aitíai, Ursachen, mit Hilfe des Mythos. Vgl. G. Binder, Aitiologische Erzählung und augusteisches Programm – ‹Aeneis›. In: Saeculum Augustum, hg. von G. Binder, Darmstadt 1988, Bd. II, S. 255–287, bes. S. 263 f

45 Z. B. eine «Ornithogonie» (Verwandlung in Vögel) oder die Verwandlungssagen des Nikander von Kolophon. «Metamorphosen» hieß ein zeitgenössisches Werk des Parthenios, der dem Elegiker Gallus seine «Erotika Pathemata» widmete (Liebesleiden, dt. von W. Plankl, Wien 1947), die auch Verwandlungssagen enthielten (Daphne, Byblis)

46 Am. III 1,1 ff. Das folgende: Am. III 12,41

47 Vgl. H. Herter, Ovids Kunstprinzip in den Metamorphosen, in: Ovid WdF, S. 351 ff

48 Ovids Urteil über Kallimachos: *Was an Genie und an Kraft fehlt, das ersetzt seine Kunst* (Am. I 15,14)

49 Theog. 120. – Zu Ovids Kosmogonie vgl. F. Lämmli, Vom Chaos zum Kosmos, Schweizer Beiträge zur Altertumswiss. 10, 1962; G. Maurach, Gymn. 86, 1979; zu Hesiod vgl. E. Heitsch (Hg.), Hesiod WdF Bd. 44, Darmstadt 1966. Vgl. auch den Kommentar zu den Met. von F. Bömer 1,15 ff

50 *Quisquis fuit ille deorum – welcher es auch war von den Göttern*, I 32, vgl. auch den deus in der Kosmogonie des Manilius, Astronomica I 120 ff; 251 (Reden-

Ausgabe). Im folgenden wirken auch Gedanken der Vorsokratiker, wie Heraklit, und der Pythagoreer

51 Vgl. die Unterscheidung bei Varro, überliefert bei Augustinus, de civitate Dei VI 5. Vgl. auch M. von Albrecht, Interpretationen, S. 23 f

52 Verg. Aen. VIII 327, vgl. M. Giebel, Vergil, a. a. O., S. 104 f

53 Versübersetzungen der Met. von Hermann Breitenbach (Artemis-Ausgabe)

54 Vgl. bei Phaëthon und Niobe, S. 72 u. 81; 84 f, in der Pythagoras-Rede, vgl. S. 65

55 Sie wird zum Sternbild der Jungfrau

56 Verg. Georgica I 121 ff; dazu M. Giebel, Vergil, a. a. O., S. 63 f. Lukrez: V 1448 ff; Manilius: I 66–90

57 Epoden 7 u. 16

58 Verg. Aen. VI 791 ff; Hor. Oden I 2, 29 f; IV 15,17. Zu Ovids Weltalter-Mythos vgl. F. Roser, Die vier Weltalter in Ovids Metamorphosen (Met. I 89–150), in: AU Reihe XIII/5, 1970, S. 54–77

59 Auf dem Palatin wohnte Augustus, und seit dieser dort den Tempel des Apollo Palatinus und eine Kapelle der Vesta erbaut hatte, galt er als Göttersitz, vgl. Ovid Fasten IV 949 ff

60 Die stoische Vorstellung der Ekpyrosis: Die Materie kehrt im Gestaltwandel der Elemente periodisch wieder ins Urfeuer zurück. (Die Erde unmittelbar vor dieser Vernichtung im Feuer ist «die letzte Welt».) – Die Sintflut gehört zu den ältesten Menschheitsgeschichten, vgl. Platons Timaios 22 a

61 Eine Volksetymologie verband laós – das Volk und láës – die Steine. Ein hartes Geschlecht, durum genus, auch bei Vergil, Georg. I 63

62 Es existiert eine Doppelfassung im Anschluß an Vers 543: Einmal fleht Daphne, die Erde möge sich öffnen, das andere Mal bittet sie ihren Vater um Hilfe; ein Beispiel für die fehlende letzte Hand des Dichters. Vgl. K. Dursteler, Die Doppelfassungen in Ovids Metamorphosen, Hamburg 1940

63 Vgl. die Fassung bei Parthenios (s. Anm. 45) Nr. 15

64 Vgl. B. Snell, 9 Tage Latein, Göttingen 1956, S. 38 f

65 Kallim. Hymn. III 4 ff; Met. I 485 ff

66 Vgl. Fast. IV 953, A. Alföldi, Die zwei Lorbeerbäume des Augustus, Bonn 1973

67 Sonette an Orpheus Zweiter Teil XII

68 «Gerade die Übergänge sind wichtig und dürften für die Interpretation der Metamorphosen noch nicht voll ausgeschöpft sein»: M. von Albrecht in Gymn. 88, 1981, S. 232. – Zur Gliederung und Einteilung vgl. vor allem W. Ludwig (1965); eine thematische Übersicht bietet die Artemis-Ausgabe (1958, S. 1136–1150)

69 Vgl. M. von Albrecht, Interpretationen, S. 46 f

70 Vgl. M. v. Albrecht, Interpretationen, S. 51 ff. Zu den einzelnen Mythen jeweils E. Frenzel, Stoffe der Weltliteratur, Stuttgart [7] 1988

71 Zu den Frauenmonologen der Met. vgl. R. Heinze, Vom Geist des Römertums, NA Stuttgart 1960, S. 388–401

72 Althaea, die Mutter des Meleager und die Geschichte vom magischen Holzscheit: VIII 445 ff; Scylla: VIII 6 ff; Byblis: IX 450 ff; Myrrha: X 298 ff; Iphis: IX 666 ff

73 Vgl. Apollodor Bibl. III 14,4

74 X 516 f, vgl. G. K. Galinsky (1975), S. 102

75 Die in den «Kyprien» oder in der «Aithiopis» erzählt wurden

76 Z. B. die Töchter des Anius, XIII 642ff (vgl. den Kommentar von F. Bömer
   Bd. 6, S. 371ff) oder die Sibylle von Cumae, XIV 130ff: «Ovid has completely
   humanized her», schreibt G. K. Galinsky (1975), S. 228
77 Vgl. Fränkel (1970) S. 110: «Nach 11 Büchern hätte Ovid sein Werk zu einem
   Abschluß führen können, doch brachte er es nicht fertig, sich davon zu trennen... Der Niedergang hat begonnen...» Dagegen Bömer Komm. Bd. 7,
   S. 67, der den Vorwurf geringerer Kraft oder gar Nachlässigkeit als gegen-
   standslos bezeichnet. Vgl. auch G. K. Galinsky (1975), S. 219: Die gleichen
   Stilmittel werden gebraucht wie bisher, z. B. variatio, das Ziel ist weiterhin:
   «to tell it aliter»
78 Vgl. Verg. Aen. VI 810f – Augustus erscheint in der «Heldenschau» zwischen
   Romulus und Numa, Aen. VI 777ff
79 Livius I 118f, XL 29, 3–14; Bömer Komm. Bd. 7, 252f, 268ff
80 Vgl. Met. XV 160, Hor. Od. I 28,10
81 Aen. VI 847ff
82 Ursprünglich die Orphiker, vgl. M. Giebel, Das Geheimnis der Mysterien,
   München/Zürich 1990, S. 72ff
83 Vgl. Fast. I 319ff, die für Ovid offensichtlich problematische Rechtfertigung
   der blutigen Opfer im Staatskult, vgl. I 361 und Met. XV 120f. Zur Zeit König
   Numas opferte man nur unblutig, vgl. Fast. I 337ff
84 Vgl. De rer. nat. V 820ff; I 215f
85 Die Gleichsetzung Jupiter-Augustus findet sich schon bei Horaz; vgl. Od. III 5
   und E. Doblhofer, Die Augustuspanegyrik des Horaz in formalhistorischer
   Sicht, Heidelberg 1966, bes. S. 151ff
86 Vgl. zum Beispiel S. Lundström (1980), A. W. Holleman in Saeculum Augustum II, dazu F. Bömer, Gymn. 88, 1981, S. 451–453 (mit Lit.) und sein
   Komm. zur Stelle, sowie G. Maurach, Gymn. 86, 1979, S. 135ff; G. K. Galinsky (1975), S. 251ff; knapp und erhellend M. von Albrecht, Anz. Alt.
   wiss. 25, 1972, Sp. 282f; W. Stroh, Gymn. 86, 1979, S. 351f – Vgl. jetzt auch
   U. Schmitzer (1990) mit Lit. und Angaben zur Forschungsdiskussion
87 Vgl. R. Albert, Das Bild des Augustus auf den frühen Reichsprägungen. Studien zur Vergöttlichung des ersten Princeps. Speyer 1981, dazu die Rez. von
   P. Herz, Gymn. 90, 1983, S. 332–334
88 Kallimachos, Epigramme 52, vgl. auch Hymn. I 84ff, und Theokrit, Idyl-
   len 17, 112ff
89 Am. I 15,33. *Vivam*: ebd. V. 42. Horaz: Exegi monumentum aere perennius,
   Od. III 30,1; vgl. auch II 20
90 Vgl. jeweils auch M. von Albrecht, Interpretationen, mit Lit. zur Wirkungsge-
   schichte. Das Zitat in: Fr. Maier, Ikarus – ein Symbol für Träume des Menschen, in: ders., Lateinunterricht zwischen Tradition und Fortschritt, Bd. 3,
   Bamberg 1985, S. 194
91 Sie wurde mit Hathor-Isis gleichgesetzt, der Göttin mit dem Kuhgehörn, und
   ihr Sohn Epaphos mit dem Apisstier. Vgl. Herodot II 41,2; Properz II 33
92 «Der Strahlende», bei Homer Beiname des Sonnengottes Helios, lat. Sol,
   auch gleichgesetzt mit Phoebus Apollo
93 Vgl. H. Fränkel (1970), S. 108: Das Metamorphosen-Thema gewährte «Spiel-
   raum zur Entfaltung der Phänomene der unsicheren oder flüchtigen Identität», sowie G. K. Galinsky (1975), S. 50f
94 Tragische Ironie, vgl. M. von Albrecht, Interpretationen, S. 29

95 Daß der Bernstein von der Ostseeküste kam, wußte man, vgl. Plinius d. Ä. in seiner Naturgeschichte XXXVII 30ff. Der Handel ging über die Pomündung

96 Z. B. bei Nonnos, Dionysiaka 38, 424. – Amores: III 12,37

97 Plat. Tim. 22c. J. W. Mavor, Reise nach Atlantis, in: Antike Welt 1970, 4, S. 33–45, bes. S. 36; W. von Engelhardt, Phaëthons Sturz – ein Naturereignis? Berlin/Heidelberg/New York 1979 (SB Akad. Wiss. Heidelberg, Math.-nat. Kl. 1979,2)

98 De rer. nat. V 400

99 Sen. de providentia (= dial. I) 5,9 Ende –11

100 Phaëthon hieß ein bei den englischen Dandys des 18. Jahrhunderts beliebter hoher Kutschwagen, dessen Lenkung große Geschicklichkeit erforderte

101 Vgl. die Gestalt des Hippolytos in der Tragödie des Euripides. – Wir werden verachtet, und unser Machtbereich wird gemindert, sagt Venus zu Amor (Met. V 374f), als neben Pallas Athene und Diana auch Proserpina Jungfrau bleiben will, und sie läßt Amor seinen Pfeil auf den Gott Pluto schießen, der dann Proserpina entführt und zu seiner Gemahlin macht

102 Vgl. R. Hadorn (1984), S. 37ff

103 Prop. I 20,43: demissis flumina palmis – Met. III 481: *percussit pectora palmis*: Hylas hält weiße und rote Blumen, die er gepflückt hat, und läßt die Hände ins Wasser gleiten. Narziß schlägt sich aus Trauer die weiße Brust mit den Händen, bis sie rot wird, und schmilzt bei diesem Anblick völlig dahin

104 Plotin, Über das Schöne I 37–38, Reclam-Auswahl S. 141; auch bei Hadorn (1984), S. 44, dort auch zum Folgenden. – Die Versenkung in sich selbst kann Voraussetzung nicht nur zum künstlerischen Schaffen, sondern auch zur Gotteserkenntnis sein: so bei Hermann Hesse, «Narziß und Goldmund»

105 Wie bei Io I 635ff; Callisto II 485ff. Vgl. auch Kallimachos Hymn. 5 (Das Bad der Pallas)

106 Vgl. Nonnos, Dionysiaka 5, 325ff

107 In Chr. Ransmayrs Roman «Die letzte Welt» webt die taubstumme Weberin Arachne in Tomi Geschichten aus Ovids Metamorphosen in einen Wandteppich, vgl. S. 192ff

108 Vgl. auch M. von Albrecht, Ovids Arachne-Erzählung. In: Heidelberger Texte, Didakt. Reihe H. 12, S. 40–52

109 Auf den Kunstcharakter der einzelnen Szenen («Photomontage und Momentaufnahme») verweist L. Voit, Die Niobe des Ovid, in: Gymn. 64, 1957, S. 135–149

110 Vgl. H. Dörrie, Wandlung und Dauer (AU IV/2, 1959, S. 98)

111 Paus. I 21,3; Sophokles, Antigone 823ff; Kallimachos, Apollohymnus (II) 22ff; vgl. auch L. Voit (s. Anm. 109), S. 148f

112 Vgl. Neues Testament, Lukas 12,16ff, das Gleichnis vom reichen Mann

113 Ars II 21–96. Vgl. zum Aufbau beider Erzählungen M. von Albrecht, Römische Poesie. Texte und Interpretationen, Heidelberg 1977, S. 63–79

114 Vgl. W. Haedicke, Die Nicht-Metamorphose, in: AU XII/3, 1969, S. 73f

115 Lutz Rathenow, Letzte Neuigkeit, in: ders., Zärtlich kreist die Faust. Gedichte. Pfaffenweiler 1989. Die Oper: «Ikarus» von H.-Chr. von Dadelsen/B. Kolenz, Urauff. München 1990, Vgl. auch Daedalus und Icarus, in: Pontes (s. Anm. 38), S. 15–23; Fr. Maier, Ikarus (s. Anm. 90), S. 194–216; P. Grau, Ikarus heute. Anmerkungen zu «Dädalus und Ikarus» von Dario Fo. In: Eichstätter Beitr. 13, Regensburg 1984, S. 13–31

116 Verg. Georgica IV 453 ff, vgl. auch Pontes (Anm. 38), S. 24–48; Fr. Maier, Lateinunterricht (s. Anm. 90), S. 166–193; W. Olbrich, Warum hat Orpheus sich umgedreht? In: Anregung 28, 1982, S. 378–384
117 Ov. Fast. V 429 ff
118 Vgl. K. Theweleit, Das Buch der Könige, Bd. 1: Orpheus und Eurydike. Frankfurt 1988, S. 102 ff. Vgl. auch W. Vogt, Metamorphosen. Prosa. Zürich/Köln 1984, S. 138–141, auch in: Antike Mythen in moderner Prosa. Arbeitstexte für den Unterricht (Reclam-Ausgabe)
119 Vgl. den griechisch-italischen Mythos des Hippolytos-Virbius, Met. XV 492 ff, Fast. III 263 ff; VI 730 ff
120 Vgl. G. Binder, Aitiologische Erzählung und augusteisches Programm in Vergils ‹Aeneis›, in: Saeculum Augustum II (s. Anm. 44), S. 255–287, bes. S. 263 ff
121 Prop. IV 1,69, vgl. auch Vergils 8. Buch der Aeneis, den Besuch des Aeneas bei Euander an der Stätte des späteren Rom (97 ff), dazu G. Binder, Aeneas und Augustus. Interpretationen zum 8. Buch der Aeneis. Meisenheim 1971
122 Prop. IV 10, vgl. Augustus, Res gestae 19. Dort heißt es, er habe 82 Tempel wiederhergestellt (ebd. Kap. 3). Ovid nennt ihn *templorum positor, templorum sancte repostor – Erbauer von Tempeln und Wiederhersteller* (Fast. II 63)
123 Vgl. Horaz od. I 2,29 f; epod. 7. – Varro: Ant. Rer. Div. fr. 21 (Cardauns)
124 So entstand der Kalender in christlicher Zeit anläßlich der Bestimmung des Ostertermins.
125 Vgl. den Fasten-Kommentar von F. Bömer I 15 und F. Bömer, Über das zeitliche Verhältnis zwischen den Fasten und den Metamorphosen Ovids, in: Gymn. 95, 1988, S. 207–221
126 Ein «Behagen in der Kultur» (E. Zinn in Ovid WdF, S. 7), vgl. Fast. I 85 ff – Zu Venus vgl. V. Buchheit in: Gymn. 93, 1986, S. 270 ff
127 F. Altheim (1953), S. 257. Vgl. dazu F. Bömer (Komm. S. 14): Wenn die «Erotisierung» Anstoß erregt hätte, hätte sie Ovid in der Bearbeitung wohl gemildert. Vgl. auch G. Lieberg in: Latomus 28, 1969, S. 923–947
128 Fast. I 415 ff; VI 319 ff. Die Geschichte galt als Aition für den Brauch des Eselsopfers in Lampsakos
129 Fast. III 1 ff
130 Fast. II 45 f
131 Trist. II 124; 557; dreimal in Trist. III 11; Pont. II 7,55; III 7,39
132 Im folg. zit. nach der Übers. von W. Willige, Artemis-Ausgabe. – Die Hinweisstellen sind zusammengestellt bei J. Thibault (1964), S. 27 ff
133 Trist. II 240; Ars am. I 31 ff, vgl. auch Pont. III 3,49 ff
134 Trist. II 212
135 Zu Julia der Älteren vgl. E. Meise (1969), S. 1–34; P. Sattler, Julia und Tiberius, in: Augustus, WdF Bd. 128, hg. von W. Schmitthenner, Darmstadt 1969, S. 486–530
136 Vell. Pat. II 100,3, vgl. auch 93,2: «eine Frau, deren zahlreiche Nachkommenschaft weder für sie selbst noch für den Staat zum Segen wurde». Zur jüngeren Julia vgl. Sueton, Aug. 64; 72; 31
137 Vgl. Suet. Aug. 65; Cassius Dio 55,32; Tacitus Ann. I 3; Vell. Pat. II 112,7; D. Kienast, Augustus, Darmstadt 1982, S. 120
138 Vor allem F. Norwood in Class. Phil. 58, 1963; E. Meise (1969), S. 223–235: Die Verbannung Ovids; vgl. auch U. Schmitzer (1990)

139 Aemilius Paullus muß damals noch am Leben gewesen sein (die Nachricht von einer früheren Verschwörung – vgl. Suet. Aug. 19 – scheint dubios), denn die Anklage lautete auf adulterium, nicht auf stuprum (Ehebruch, nicht Unzucht). Vgl. R. Syme (1978), S. 208–211. – Zu D. Silanus vgl. Tac. Ann. III 24

140 Vgl. Trist. II 134; Tac. Ann. III 24

141 Trist. I 5 41 f; II 51 f; III 5,43 ff; 6,25 ff; Pont. II 2,11 ff

142 Vgl. Sueton, Claud. 26

143 Vgl. Tac. Ann. I 5; Cassius Dio 56,30; Plin. Nat. Hist. VII 150; Plut. De garr. 508; R. Syme (1978), S. 149 ff

144 Sen. ep. (Briefe an Lucilius) 53,2

145 Trist. V 1,5; vgl. Her. 15,7; Am. III 9,4

146 Ad Quint. frat. I 3,1; O. Seel, Cicero. Stuttgart ³1967, S. 133 ff; H. Froesch (1976), S. 79 ff, B. Nagle (1980), S. 33 (Parallelstellen Cicero-Ovid)

147 Z. B. Vergil, Georgica III 349 ff

148 Urbs antiqua fuit... (Verg. Aen. I 12)

149 Vgl. C. M. Danoff, Pontos Euxeinos, in RE Suppl. 9, 1962, Sp. 866–1175

150 Trist. I 7, 35 ff. Daher auch die Doppelfassungen, z. B. Met. I 546 ff

151 Vgl. M. Giebel, Vergil, a. a. O., S. 119 ff

152 Hor. epist. II 1, der «Literaturbrief» an Augustus

153 Vgl. Cass. Dio 55,9, 1–4

154 Vgl. B. Nagle (1980), Einleitung

155 Zitiert von H. Bienek in: Lyriker im Exil. Weilheimer Hefte zur Literatur 21, 1987, S. 34

156 Consol. carmen 1 greift auf Ovid zurück

157 Fast. VI 5; Pont. III 4,93; IV 2,25, das folgende Trist. IV 1,19 ff

158 Vgl. M. von Albrecht, Römische Poesie. Heidelberg 1977, S. 221 f

159 «...mutet er den Mädchen eine Lektüreliste zu, auf die manches Philologische Seminar stolz sein könnte»: M. von Albrecht (s. Anm. 158), S. 338, Anm. 29

160 Zum Ibis vgl. H. Fränkel (1970), S. 166–175. Zu den Halieutica ebd. S. 176–178

161 Vell. Pat. II 36

162 Sen. Rhetor (d. Ä.), Controversiae II 12

163 Vgl. F. Munari (1960), S. 5

164 Vgl. G. Maurach, Gymn. 86, 1976, S. 140 ff

165 Vgl. E. K. Rand (1963), S. 139; L. P. Wilkinson (1955), S. 387; G. Highet, Römisches Arkadien, Dichter und ihre Landschaft. München 1964, S. 206 ff. – Das sog. Haus des Ovid wurde bei neueren Ausgrabungen als Hercules-Tempel identifiziert, vgl. E. Mattiocco (Hg.), Dalla Villa di Ovidio al Santuario di Ercole. Sulmona 1989

166 Inferno 4,78 ff, vgl. E. R. Curtius, Europäische Literatur und lateinisches Mittelalter, Bern/München ⁷1969, S. 27 f

167 Petrarcas «Trionfo d'Amore» geht auf Ovids Amores I 2 zurück. Im späteren Alter übte Petrarca Kritik an Ovid, s. die Zeugnisse

168 Dichtung und Wahrheit, 2. Teil, 9. Buch, Anfang, Sophienausgabe 27. Bd.. Weimar 1889, S. 225 f. Zu Herder: 2. Teil, 10. Buch, ebd. S. 319 f

169 An Gerning, 8. Mai 1815, vgl. E. Grumach, Goethe und die Antike, Berlin 1949, S. 382

170 S. 287

Zeittafel

15. März 44 v. Chr.	Ermordung des Diktators Julius Caesar. Erneuter Ausbruch des Bürgerkriegs
20. März 43	Ovid in Sulmona geboren
21. April 43	Schlacht von Mutina, Tod der beiden Konsuln Hirtius und Pansa
42	Schlacht von Philippi: Octavian und Antonius besiegen Brutus und Cassius
31	Octavian siegt bei Actium über Antonius und Kleopatra, wird Alleinherrscher und beendet die Bürgerkriege
27	Neuordnung des Staates. Octavian-Augustus begründet den Prinzipat
29–19	Vergil verfaßt die Aeneis
19	Tod Vergils und Tibulls
ca. 15	Tod des Properz
8	Tod des Horaz und Maecenas
nach 20 v. Chr.	Ovids *Amores* (1. Auflage)
ca. 4 v. Chr.	*Medea, Heroidenbriefe*
1 v. Chr.	2. Auflage der *Amores* in drei Büchern
1/2 n. Chr.	*Liebeskunst, Heilmittel gegen die Liebe*
bis 8 n. Chr.	Erweiterte Auflage der *Heroides* mit drei Briefpaaren, *Metamorphosen* und *Fasten* Buch I–VI
8 n. Chr.	Julia die Jüngere, Enkelin des Augustus, wird von diesem auf die Tremiti-Inseln verbannt. Ovid wird nach Tomi ans Schwarze Meer relegiert
nach 8 n. Chr.	*Tristien (Klagelieder)* in 5 Büchern, *Epistulae ex Ponto (Briefe vom Schwarzen Meer)* in 4 Büchern, Neubearbeitung der *Fasten*, Schmähgedicht *Ibis*, 130 Verse der *Halieutica – Die Kunst des Fischfangs*
14 n. Chr.	Tod des Augustus, Regierungsantritt des Tiberius
17/18 n. Chr.	Tod Ovids in Tomi

Zeugnisse

Seneca der Ältere
Man pflegte Montanus den Ovid unter den Rednern zu nennen, denn auch Ovid verstand es nicht, zur rechten Zeit aufzuhören.

«Controversiae», ca. 30 n. Chr.

Quintilian
Ovid tändelt sogar bei seinen epischen Stoffen und ist allzusehr in sein eigenes Talent verliebt, in einzelnen Partien ist er dennoch zu loben.

«Institutio oratoria», ca. 90 n. Chr.

Hugo von Trimberg
Sequitur Ovidius letus et facetus,
sentenciarum floribus multimodis repletus –
Es folgt Ovid, heiter und witzig, mit einem Blütenflor von Sentenzen auf mannigfache Art reich ausgestattet.

«Register der Autoren», um 1280

Petrarca
Jener scheint mir durchaus ein Mann von großem Talent gewesen zu sein, aber zügellos, schlüpfrig und weibstoll, den der Verkehr mit Frauen so sehr ergötzte, daß er darein das höchste Ziel seiner Glückseligkeit setzte. Daher schrieb er die *Liebeskunst*, ein aberwitziges Werk, und, wenn ich mich nicht täusche, die verdiente Ursache seiner Verbannung.

«De vita solitaria», 1356

Michel de Montaigne
Lust zum Lesen bekam ich zum erstenmal durch die Freude an den Fabeln aus Ovids *Metamorphosen*, denn als ich sieben oder acht Jahre alt war, vergaß ich über dieser Lektüre alles, was mir sonst Freude machte, war doch die Sprache dieses Buchs meine Muttersprache; es war auch leichter als die anderen und paßte wegen des Stoffs zu meiner kindlichen Auffassungskraft.

«Essais», 1580

Voltaire
Toujours Ovide charmera.

«Apologie de la fable», 1765

Friedrich Schiller
Ich kann die Klagegesänge des Ovid... wie rührend sie auch sind und
wieviel Dichterisches auch einzelne Stellen haben, im ganzen nicht wohl
als ein poetisches Werk betrachten. Es ist viel zu wenig Energie, viel zu
wenig Geist und Adel in seinem Schmerz. Das Bedürfnis, nicht die Begei-
sterung, stieß jene Klagen aus; es atmet darin, wenngleich keine gemeine
Seele, doch die gemeine Stimmung eines edleren Geistes, den sein
Schicksal zu Boden drückte.

«Über naive und sentimentalische Dichtung», 1795

Johann Wolfgang von Goethe
Und da ich gar bald die Ovidischen Verwandlungen gewahr wurde, und
besonders die ersten Bücher fleißig studierte, so war mein junges Gehirn
schnell genug mit einer Masse von Bildern und Begebenheiten angefüllt,
und ich konnte niemals Langeweile haben, indem ich mich immerfort
beschäftigte, diesen Erwerb zu verarbeiten, zu wiederholen, wieder her-
vorzubringen.

«Dichtung und Wahrheit» 1. Teil, 1811

Johann Wolfgang von Goethe
Ovid blieb classisch auch im Exil: er sucht sein Unglück nicht in sich,
sondern in seiner Entfernung von der Hauptstadt.

«Maximen und Reflexionen», 1829

Eduard Norden
Als bonus declamator, der er war, hat er... die Genera der Poesie auch in
der Praxis systematisch rhetorisiert. Er hat sie ferner trivialisiert, indem
er sie auf das Niveau einer Unterhaltungslektüre herabdrückte.

«Die römische Literatur», 1909

Hugo von Hofmannsthal
Von Zeit zu Zeit entstehen solche Individuen, in denen ein soziales Ganzes schicksalhaft, und, man möchte sagen, mühelos seine Blüte treibt:
eine solche Figur ... war Ovid.

Einleitung zu: «Ferdinand Raimunds Lebensdokumente», 1920

Nicolae I. Barbu
Für uns Rumänen ist Ovid der erste Dichter, der Land und Leute unseres
Vaterlandes besungen und durch sein Schicksal zwei so verschiedenartige
Völker wie das seine und das unsere miteinander verbunden hat.
«Ovid und sein Verbannungsort Tomis», 1975

Otto Seel
Wer von uns liebte nicht Ovid über die Maßen; aber ist es nicht doch,
beim Gedanken an Vergil und Horaz, eine Liebe mit halbschlechtem Ge-
wissen?
«Quintilian oder Die Kunst des Redens und Schweigens», 1975

Hans Erich Troje
Ovid ist mit seinen Liebesgedichten... in der Geschichte des abendländi-
schen Lebens, Liebens und Leidens, Sinnens und Trachtens, Denkens
und Dichtens gegenwärtig... Er ist der freieste, frechste, respektloseste
von seinen Fachgenossen, vielleicht beinahe der Gipfel der Frechheit,
jedenfalls ein Meister der wahren, echten, humanen und toleranten Men-
schenkenntnis.
«Gestohlene Liebe», 1988

Christine Brückner
Ich liebe Verwandlungen. Nicht immer (nur) ein Mensch sein! Also lese
ich gern, um mich zu vergnügen und auch zu bilden, in Ovids *Metamorphosen*. Jetzt, da ich älter werde, ist mir die Geschichte von Philemon und
Baucis lieb und vertraut. Diese festliche, ärmliche Mahlzeit in der Hütte
der beiden alten Landleute, denen am Ende der Wunsch in Erfüllung
geht, daß nicht der eine den Verlust des anderen erleben muß: Als zwei
Bäume stehen sie für immer einander nahe...
Brief an Marion Giebel, 1990

Bibliographie

Einige häufig verwendete Siglen werden am Beginn der Anmerkungen auf S. 134 erläutert.

1. Neuere Forschungsberichte und Bibliographien

KRAUS, W.: Ovid. In: Anzeiger für die Altertumswissenschaft (= AAHG). Innsbruck 11, 1958, Sp. 129–146; 16, 1963, 1–14; 18, 1965, 193–208

PARATORE, E.: Bibliografia Ovidiana. Sulmona 1958 ff

BÖMER, F.: Literatur aus dem Annus Ovidianus (1958). In: Gymn. 67, 1960, S. 358–365

SCHETTER, W.: Rassegna di Studi Ovidiani. In: Atene e Roma N. S. V, 1960, S. 193–211

ALBRECHT, M. VON: Ovid. In: AAHG 18, 1965, Sp. 193–208; 25, 1972, 55–76; 267–290; 26, 1973, 129–150

RIEGER, E.: Systematische Zusammenstellung der wichtigsten Literatur zu Ovid aus den letzten 20 Jahren. In: Anregung 26, 1980, S. 334–338

2. Einzelberichte

BRAUN, L.: Kompositionskunst in Ovids Fasti, mit Bibliographie für die Jahre 1923–1978. In: ANRW Bd. II 31,4. Teilbd., S. 2344–2383

COLETTI, M. L.: Rassegna bibliografico-critica degli studi sulle opere amatorie di Ovidio dal 1958–1978, ebd. S. 2385–2435

HOFFMANN, H.: Ovids «Metamorphosen» in der Forschung der letzten 30 Jahre (1950–1979), ebd. S. 2161–2273

MARTYN, R. C.: 50 Years of Scholarship on Ovid's Amores, ebd. S. 2436–2459

SABOT, A.-F.: Les ‹Héroïdes› d'Ovide, mit Bibliographie sélective, ebd. S. 2552–2636

STROH, W.: Tröstende Musen (mit Bibliographie zu den Exilgedichten), ebd. S. 2638–2684

3. Hilfsmittel

DEFERRARI, R. J./BARRY, M. I./McGUIRE, M. R. P.: A Concordance of Ovid. Washington 1939 – ND Hildesheim 1968

EICHERT, O.: Vollständiges Wörterbuch zu den Verwandlungen des P. Ovidius Naso. Hannover 1878 – ND Hildesheim 1972

KRAUS, W.: Ovidius Naso. In: RE 18, 1942, Sp. 1910–1986. Jetzt in: Ovid, hg. von M. VON ALBRECHT und E. ZINN, Darmstadt 1982, S. 67–166 (WdF Bd. XCII, im folgenden abgekürzt als: Ovid WdF)

4. Textausgaben

P. Ovidius Naso: Amores, Heroides, Ars amatoria, Remedia amoris. Hg. von R. EHWALD. Leipzig (Teubner) 1915 u. ö.

P. Ovidius Naso: Amores, Medicamina Faciei Femineae, Ars Amatoria, Remedia Amoris. Hg. von E. J. KENNEY. Oxford 1961, [9]1991

P. Ovidius Naso: Remedia amoris. Hg. von F. W. LENZ. Berlin 1960

P. Ovidius Naso: Metamorphoses. Hg. von W. S. ANDERSON. Leipzig (Teubner) [4]1988

P. Ovidius Naso: Fastorum libri sex. Hg. von E. H. ALTON u. a. Leipzig (Teubner) [3]1988

P. Ovidius Naso: Tristia, Ibis, Epistulae ex Ponto, Halieutica, Fragmenta. Hg. von S. G. OWEN. Oxford 1915 u. ö.

P. Ovidius Naso: Ex Ponto libri quattuor. Hg. von J. A. RICHMOND. Leipzig (Teubner) 1989

5. Kommentierte Ausgaben, Kommentare

P. Ovidi Nasonis Amorum libri tres. Erkl. von P. BRANDT. Leipzig 1911 – ND Hildesheim 1963, [2]1977

P. Ovidius Naso: Amores Book One. Komm. von J. BARSBY. Oxford 1973

P. Ovidius Naso. Amores. Text, prolegomena and commentary in four volumes. By J. C. McKeown. Vol. I u. II Liverpool 1987 / Leeds 1989

Ovid: Ars Amatoria Buch 2, Kommentiert von M. JANKA. Heidelberg 1998 (Wiss. Kommentare zu griech. u. lat. Schriftstellern)

P. Ovidius Naso: De arte amatoria libri tres. Erkl. von P. BRANDT. Leipzig 1902 – ND Hildesheim 1963

P. Ovidius Naso: Remedia amoris. Kommentar zu V. 397–814 von CHR. LUCKE. (Diss.) Bonn 1982

P. Ovidi Nasonis Epistulae Heroidum. Text und Kommentar, hg. von H. DÖRRIE. Berlin 1971

Ovid: Heroides XVI–XXI, komm. von E. J. KENNEY. Cambridge 1995

Ovid: Metamorphosen. Erkl. von M. HAUPT u. a., überarb. von M. VON ALBRECHT. Dublin/Zürich 1966, 1975

P. Ovidius Naso: Metamorphosen. Kommentar von F. BÖMER. 7 Bde. Heidelberg 1969–1986

P. Ovidius Naso: Metamorphoses Book VIII. Ed. with Introduction and Commentary by A. S. HOLLIS. Oxford 1970

P. Ovidius Naso: Metamorphoses Book XI. Hg. von G. M. Murphy. Oxford 1972

P. Ovidius Naso Fastorum libri sex. Text, Übers. und Kommentar von F. Bömer. Heidelberg 1957, ²1992

Ovid: Tristien. Text, Übers. und Kommentar, hg. von G. Luck. Heidelberg 1967, 1977

Ovide: Tristes. Texte établi et traduit par J. André. Paris 1968

Ovide: Contre Ibis. Texte établi et traduit par J. André. Paris 1963

Ovide: Pontiques. Text établi et traduit par J. André. Paris 1977

P. Ovidius Naso: Epistulae ex Ponto 3, 1–3, Kommentar U. Staffhorst. Diss. Würzburg 1965

Publii Ovidii Nasonis Epistularum ex Ponto liber IV: A Commentary on Poems 1 to 7 and 16. Von M. Helzle. Hildesheim u. a. 1989 (Spudasmata 43)

6. Zweisprachige Ausgaben und Übersetzungen (dt.)

Amores – Die Liebeselegien. Lat.-dt. hg. von F. W. Lenz. Berlin 1965

Amores – Liebesgedichte. Lat.-dt. hg. von W. Marg/R. Harder. Zürich–Düsseldorf ⁷1992

Ars amatoria – Liebeskunst. Lat.-dt. hg. von M. von Albrecht. Stuttgart 1992

Liebeskunst/Heilmittel gegen die Liebe. Lat.-dt. hg. von N. Holzberg. Zürich –Düsseldorf ³1992

Heilmittel gegen die Liebe/Die Pflege des weiblichen Gesichts. Lat.-dt. hg. von F. W. Lenz. Berlin 1960

Fasti – Festkalender. Lat.-dt. hg. von N. Holzberg. Zürich–Düsseldorf 1995

Liebesbriefe – Heroides – Epistulae. Lat.-dt. hg. von B. W. Häuptli. Zürich–Düsseldorf 1995

Metamorphosen. Lat.-dt. hg. von E. Rösch, Einführ. von N. Holzberg. Zürich–Düsseldorf ¹⁴1996

Metamorphosen. Lat.-dt. hg. von M. von Albrecht. Stuttgart 1992

Metamorphosen. Das Buch der Mythen und Verwandlungen. In Prosa übers. und hg. von G. Fink. Düsseldorf–Zürich ⁴1994 / Frankfurt a. M. 1998

Metamorphosen. In der Übertragung von Joh. Heinr. Voss, mit den Radierungen von Pablo Picasso u. Nachw. von B. Kytzler. Frankfurt a. M. 1990

Briefe aus der Verbannung – Tristia. Epistulae ex Ponto. Lat.-dt. hg. von W. Willige. Einf. u. Anm. von N. Holzberg. Zürich–Düsseldorf 1995 / Frankfurt a. M. 1998

Tristien (lat.-dt.). In Prosa übertr. und komm. von G. Luck. Heidelberg 1967

Tristien. Nachdichtung sowie Nachwort und Anm. von Volker Ebersbach mit Radierungen von Harry Jürgens. Leipzig 1984

Ibis – Fragmente – Ovidiana. Lat.-dt. hg. von B. W. Häuptli. Zürich–Düsseldorf 1996

7. Allgemeine Darstellungen, Sammelbände

Albrecht, M. von / Zinn, E. (Hg.): Ovid. Darmstadt 1968, ²1982 (Wege der Forschung Bd. 92)

Arnaldi, F. / Lascu, N. u. a. (Hg.): Studi Ovidiani. Rom 1959

Atti del Convegno internazionale Ovidiano, Sulmona Maggio 1958. Hg. vom Instituto di Studi Romani. Rom 1959

BARBU, N. J. u. a. (Hg.): Acta conventus omnium gentium Ovidianis studiis fovendis... Bukarest 1976

BARCHIESI, A.: The Poet and the Prince: Ovid and Augustan Discourse. Berkeley–Los Angeles 1997

BARSBY, J. Ovid. Oxford 1978 (Greece and Rome. New Surveys in the Classics 12)

BINNS, J. W. (Hg.): Ovid. London/Boston 1973

D'ELIA, S.: Ovidio. Neapel 1959

DÖPP, S.: Virgilischer Einfluß im Werk Ovids. München 1968

DÖPP, S.: Werke Ovids. Eine Einführung. München 1992

FRÄNKEL, H.: Ovid. Ein Dichter zwischen zwei Welten. Darmstadt 1970 (Übers. von: Ovid. A poet between two worlds. Berkeley/Los Angeles 1945)

FRÉCAUT, J.-M.: L'esprit et l'humour chez Ovide. Grenoble 1972

HERESCU, N. u. a. (Hg.): Ovidiana. Recherches sur Ovide. Paris 1958

HOLLEMAN, A. W. J.: Zum Konflikt zwischen Ovid und Augustus. In: Saeculum Augustum II, hg. von G. BINDER. Darmstadt 1988 (WdF Bd. 512), S. 378–393

HOLZBERG, N.: Ovid. Dichter und Werk. München 1997

LEFÈVRE, E.: Die unaugusteischen Züge der augusteischen Literatur. In: Saeculum Augustum II (s. o.), S. 173–196

LUCK, G.: Untersuchungen zur Textgeschichte Ovids. Heidelberg 1969

MACK, S.: Ovid. New Haven 1988

MARTINI, E.: Einleitung zu Ovid. Brünn 1933 – ND Darmstadt 1970

NAUMANN, H.: Ovid und die Rhetorik. In: AU XI/4, 1968, S. 69–86

RAND, E. K.: Ovid and his Influence. New York 1963

SCHUBERT, W.: Die Mythologie in den nichtmythologischen Dichtungen Ovids. Frankfurt a. M. u. a. 1992 (Studien zur klassischen Philologie 66)

STOESSL, F.: Ovid. Dichter und Mensch. Berlin 1959

SYME, R.: History in Ovid. Oxford 1978

WHEELER, A. L.: Topics from the Life of Ovid. In: American Journal of Philology 46, 1925, S. 1–28

WILKINSON, L. P.: Ovid recalled. Cambridge 1955 – ND 1974

WILKINSON, L. P.: Ovid surveyed. Cambridge 1962 (gekürzte Fassung)

8. Zur Liebesdichtung

BUCHHEIT, V.: Ovid und seine Muse im Myrtenkranz. In: Gymn. 93, 1986, S. 257–272

BÜCHNER, K.: Ovids Amores. In: Studien zur römischen Literatur Bd. VIII. Wiesbaden 1970, S. 178–199

BÜCHNER, K.: Die römische Lyrik. Stuttgart 1976

BURCK, E.: Römische Wesenszüge der augusteischen Liebeselegie. In: Vom Menschenbild in der römischen Literatur. Ausgewählte Schriften, hg. von E. LEFÈVRE. Heidelberg 1966, S. 191–221

DAVIS, J. T.: Risit Amor: Aspects of Literary Burlesque in Ovid's «Amores». In: ANRW Bd. II 31,4, 1981, S. 2460–2506

FINK, G. / NIEMANN, K.-H.: Ovids «Ars amatoria» im Unterricht. Göttingen 1983 (Consilia H. 5)

GAULY, M. B.: Liebeserfahrungen. Zur Rolle des elegischen Ich in Ovids Amores. Frankfurt a. M. u. a. 1990 (Studien zur klassischen Philologie 48)

HOLZBERG, N.: Ovids erotische Lehrgedichte und die römische Liebeselegie. In: Wiener Studien NF Bd. 15, 1981, S. 185–204

HOLZBERG, N.: Die römische Liebeselegie. Eine Einführung. Darmstadt 1990

JÄKEL, S.: Beobachtungen zur dramatischen Komposition von Ovids Amores. In: Antike und Abendland 16, 1970, S. 12–28

JONES, D.: Enjoinder and Argument in Ovid's Remedia Amoris. Stuttgart 1997 (Hermes Einzelschriften 77)

KETTEMANN, U.: Interpretationen zu Satz und Vers in Ovids erotischem Lehrgedicht. Studien zur klass. Phil. 1. Frankfurt a. M. / Bern 1979 (Diss. Heidelberg 1977)

KEUL, M.: Liebe im Widerstreit. Interpretationen zu Ovids Amores und ihrem literarischen Hintergrund. Frankfurt a. M. 1989 (Europ. Hochschulschr. R. 15, Klass. Phil. 43)

KÜPPERS, E.: Ovids «Ars amatoria» und «Remedia amoris» als Lehrdichtungen. In: ANRW Bd. II, 31,4, 1981, S. 2507–2551

LEFÈVRE, E.: Noch einmal: Ovid über seine Inspiration. In: Hermes 95, 1967, S. 126–128

LENZ, F. W.: Das Prooemium von Ovids Ars amatoria. In: Maia N. S. 13, 1961, S. 131–142

LENZ, F. W.: P. Ovidius Naso, Amores III 14. Ein Selbstbekenntnis Ovids? In: Antike Lyrik, hg. von W. EISENHUT. Darmstadt 1970, S. 451–461

LÖRCHER, G.: Der Aufbau der drei Bücher von Ovids Amores. Amsterdam 1975

LUCK, G.: Die römische Liebeselegie. Heidelberg 1961

LUCK, G.: P. Ovidius Naso, Amores II 1. Der Dichter zwischen Elegie und Epos. In: Antike Lyrik (s. o.), S. 462–479

MARTYN, R. C.: Naso – Desultor amoris (Am. I–III). In: ANRW Bd. II 31,4, 1981, S. 2436–2459

OTIS, B.: Ovids Liebesdichtungen und die augusteische Zeit. In: Ovid WdF, S. 233–254

PÖHLMANN, E.: Charakteristika des römischen Lehrgedichts. In: ANRW Bd. I,3, 1973, S. 813–901, bes. 859–862; 892–894

REITZENSTEIN, E.: Das neue Kunstwollen in den Amores Ovids. In: Ovid WdF, S. 206–232

SOLODOW, J. B.: Ovid's Ars Amatoria: the Lover as Cultural Ideal. In: Wiener Studien N. F. 11 (90), 1977, S. 106–127

STEIDLE, W.: Das Motiv der Lebenswahl bei Tibull und Properz. In: Wiener Studien 75, 1962, S. 100–141. Auch in: Ders., Aufsätze. Frankfurt a. M. 1964

STROH, W.: Die römische Liebeselegie als werbende Dichtung. Amsterdam 1971

STROH, W.: Rhetorik und Erotik. Eine Studie zu Ovids liebesdidaktischen Gedichten. In: Würzburger Jahrbücher N. F. 5, 1979, S. 117–132

STROH, W.: Ovids Liebeskunst und die Ehegesetze des Augustus. In: Gymn. 86, 1979, S. 323–352

STROH, W.: Die Ursprünge der römischen Liebeselegie. Ein altes Problem im Licht eines neuen Fundes. In: Poetica 15, 1983, S. 205–246

SUERBAUM, W.: Ovid über seine Inspiration. Zu Ars amatoria I 26. In: Hermes 93, 1965, S. 491–496

WIMMEL, W.: Kallimachos in Rom. Die Nachfolge seines apologetischen Dichtens in der Augusteerzeit. Wiesbaden 1960 (Hermes Einzelschr. 16)

ZINN, E. (Hg.): Ovids Ars amatoria und Remedia amoris. AU Beiheft 2 zu Reihe XIII, 1970, S. 64–105

9. Zu den Heroiden-Briefen

ALBRECHT, M. VON: Rezeptionsgeschichte im Lateinunterricht, ausgehend von Ovids Briseis-Brief (epist. 3). In: AU 23,6, 1980. S. 37–53

DÖRRIE, H.: Untersuchungen zur Überlieferungsgeschichte von Ovids Epistulae Heroidum. Akad. d. Wiss. Göttingen, phil.-hist. Kl. Teil I–III, 1960/5; 1960/7; 1972/6

DÖRRIE, H.: Die dichterische Absicht Ovids in den Epistulae Heroidum. In: Antike und Abendland 13, 1967, S. 41–55

DÖRRIE, H.: P. Ovidius Naso. Der Brief der Sappho an Phaon mit literarischem und kritischem Kommentar im Rahmen einer motivgeschichtlichen Studie. Zetemata 58, 1975

FISCHER, U.: Ignotum hoc aliis ille novavit opus. Augsburg 1969 (Diss. Berlin 1968)

GRANTZ, F.: Studien zur Darstellungskunst Ovids in den Heroides. Diss. Kiel 1955

JACOBSON, H.: Ovid's Heroides. Princeton N. J. 1974

KENNEY, E. J.: Liebe als juristisches Problem. Über Ovids Heroides 20 u. 21. In: Philologus 111, 1967, S. 212–232

KIRFEL, E. A.: Untersuchungen zur Briefform der Heroides Ovids. Bern/Stuttgart 1969 (Noctes Romanae 11)

KRAUS, W.: Die Briefpaare in Ovids Heroides. In: Ovid WdF, S. 269–294

LATTA, K.: Die Stellung der Doppelbriefe (Her. 16–21) im Gesamtwerk Ovids. Studien zur Ovidischen Erzählkunst. Diss. Marburg 1963

OPPEL, E.: Ovids Heroides. Studien zur inneren Form und zur Motivation. Diss. Erlangen/Nürnberg 1968

SABOT, A.-F.: Les ‹Héroïdes› d'Ovide: Préciosité, Rhétorique et Poésie. In: ANRW Bd. II 31,4, 1981, S. 2552–2636

SCHUBERT, W.: «Quid dolet haec?» – Zur Sappho-Gestalt in Ovids Heroiden und in Christine Brückners «Ungehaltenen Reden ungehaltener Frauen». In: Antike und Abendland 31, 1985, S. 76–96. Auch in: Über Christine Brückner, hg. von G. TIETZ, Frankfurt a. M./Berlin 1989, S. 169–204

SPOTH, F.: Ovids Heroiden als Elegien. München 1992 (Zetemata 89)

STEINMETZ, P.: Die literarische Form der Epistulae Heroidum Ovids. In: Gymn. 94, 1987, S. 128–145

VOLK, K.: Hero und Leander in Ovids Doppelbriefen (epist. 18 und 19). In: Gymnasium 103, 1996, S. 95–106

10. Zu den Metamorphosen

ALBRECHT, M. VON: Die Parenthese in Ovids Metamorphosen und ihre dichterische Funktion. Hildesheim 1963 (Spudasmata 7)

ALBRECHT, M. VON: Ovids «Metamorphosen». In: E. BURCK (Hg.): Das römische Epos. Darmstadt 1979, S. 120–153

ALBRECHT, M. VON: Mythos und römische Realität in Ovids ‹Metamorphosen›. In: ANRW Bd. II 31,4, 1981, S. 2328–2342

ALBRECHT, M. VON: Dichter und Leser – am Beispiel Ovids. In: Gymn. 88, 1981, S. 222–235

ALBRECHT, M. VON: Ovids Humor und die Einheit der Metamorphosen. In: Ovid WdF, S. 405–437

ALBRECHT, M. VON: Interpretationen und Unterrichtsvorschläge zu Ovids «Metamorphosen». Göttingen 1984 (Consilia 7)

BERNBECK, E. J.: Beobachtungen zur Darstellungsart in Ovids Metamorphosen. In: Zetemata 43, 1967

BETTEN, A. M.: Naturbilder in Ovids Metamorphosen. Diss. Erlangen 1968

BRETZIGHEIMER, G.: Ovid und Augustus. In: Gymn. 99, 1992, S. 165–168

BRETZIGHEIMER, G.: Iupiter Tonans in Ovids Metamorphosen. In: Gymn. 100, 1993, S. 19–74

BUCHHEIT, V.: Mythos und Geschichte in Ovid Met. I. In: Hermes 94, 1966, S. 80–108

BÜCHNER, K.: Ovids Metamorphosen. In: Ovid WdF, S. 384–392

CANCIC, H.: Spiegel der Erkenntnis (Zu Ovid, Met. III 339–510). In: AU X/1, 1967, S. 42–53

CRABBE, A.: Structure and Content in Ovid's ‹Metamorphoses›. In: ANRW Bd. II 31,4, 1981, S. 2274–2327

DIETZ, G. / HILBERT, H.: Phaëthon und Narziß bei Ovid. Heidelberg 1970

DINTER, A.: Der Pygmalion-Stoff in der europäischen Literatur. Rezeptionsgeschichte einer Ovid-Fabel. Heidelberg 1980

DOBLHOFER, E.: Ovid – ein «Urvater der Resistance»? Beobachtungen zur Phaethonerzählung in den Metamorphosen, 1, 747–2, 400, In: 400 Jahre Akademisches Gymnasium Graz. Graz 1973, S. 143–154

DÖPP, S.: Vergilrezeption in der Ovidischen ‹Aeneis›. In: Rheinisches Museum 134, 1991, S. 327–346

DÖRRIE, H.: Wandlung und Dauer. Ovids ‹Metamorphosen› und Poseidonios' Lehre von der Substanz. In: AU IV/2, 1959, S. 95–116

DÖRRIE, H.: Echo und Narzissus. In: AU X/1, 1967, S. 54–75

DUE, O. S.: Changing forms. Studies in the ‹Metamorphoses› of Ovid. Kopenhagen 1974

ELLER, K. H.: Ovid und der Mythos von der Verwandlung – Zum mythologischen und poetischen Verständnis des Metamorphosengedichtes. Frankfurt a. M. 1982

FRIEDRICH, W.-H.: Der Kosmos Ovids. In: Ovid WdF, S. 362–383

GALINSKY, G. K.: Ovid's ‹Metamorphoses›. An introduction in the basic aspects. Berkeley/Los Angeles 1975

GIESEKING, K.: Die Rahmenerzählung in Ovids Metamorphosen. Diss. Tübingen 1965

GUTHMÜLLER, B.: Beobachtungen zum Aufbau der Metamorphosen Ovids. Diss. Marburg 1964

HADORN, R.: Narziß. Der Mythos als Metapher von Ovid bis heute. Freiburg/Würzburg 1984

HEBEL, B.: Vidit et obstipuit. Ein Interpretationsversuch zu Daedalus und Ikarus. In: AU XV/1, 1972, S. 87–110

HOHNEN, P.: «Philemon und Baucis» – Zur Methodik der Metamorphosen-Lektüre. In: AU XXVIII/1, 1985, S. 16–26

HOLZBERG,: Ovids ‹Babyloniaka› (Met. 4, 55–166). In: WSt 101, 1988, S. 265–277

LAFAYE, G.: Les métamorphoses d'Ovide et leurs modèles grecs. Paris 1904 – ND Hildesheim 1971 mit Einführung von M. VON ALBRECHT

LATACZ, J.: Ovids Metamorphosen als Spiel mit der Tradition. In: Würzburger Jb. N. F. 5, 1979, 133–155

LITTLE, D. A.: The structural character of Ovid's Metamorphoses. Ann Arbor (Mich.) 1972

LUDWIG, W.: Struktur und Einheit der Metamorphosen Ovids. Berlin 1965

LUNDSTRÖM, S.: Ovids Metamorphosen und die Politik des Kaisers. Stockholm 1980

MAIER, F.: Ovid, Dädalus und Ikarus. Die Wirkung eines antiken Mythologems. Bamberg 1981 (Auxilia 2)

MAURACH, G.: Ovids Kosmogonie: Quellenbenutzung und Traditionsstiftung. In: Gymn. 86, 1979, S. 131–148

MORE, J. DE LUCE: Mutatae formae: Studies in Ovid's Metamorphoses. Ann Arbor (Mich.) 1975 (Diss. 1974)

MÜLLER, D.: Ovid, Jupiter und Augustus. Gedanken zur Götterversammlung im 1. Buch der Metamorphosen. In: Philologus 131, 1987, S. 270–288

NESCHKE-HENTSCHKE, A.: Vom Mythos zum Emblem. Die Perseuserzählung in Ovids Metamorphosen. In: AU XXV/6, 1982, S. 76–87

OTIS, B.: Ovid as an Epic Poet. Cambridge 1966, [2]1971

RIEGER, E.: Der Mensch im Spannungsfeld... Ovids Met. als Einführung in die Dichterlektüre. In: Anregung 26, 1980, S. 215–221, 294–306

RIEKS, R.: Zum Aufbau von Ovids Metamorphosen. In: Würzburger Jb. N. F. 6b, 1980, S. 85–103

RÖMISCH, E.: Metamorphosen Ovids im Unterricht. Heidelberg 1976 (Heidelberger Didakt. Texte Reihe 9)

SCHETTER, W.: Das römische Epos. In: Neues Handbuch der Literaturwissenschaft, hg. von K. VON SEE. Bd. 3, Frankfurt a. M. 1974, S. 79–83

SCHIRNDING, A. VON: Ovid, Pyramus und Thisbe. In: Anregung 15, 1969, S. 237–240

SCHMIDT, E. A.: Ovids poetische Menschenwelt: die Metamorphosen als Metapher und Symphonie. SB Heidelbg. Akad. Wiss., phil.-hist. Kl. 1991, 2 (mit Lit.verz.)

SCHMITZER, U.: Zeitgeschichte in Ovids Metamorphosen. Mythologische Dichtung unter politischem Anspruch. Stuttgart 1990 (Beiträge zur Altertumskunde Bd. 4)

SEGAL, P.: Landscape in Ovid's «Metamorphoses». A study in the transformation of a literary symbol. Wiesbaden 1969 (Hermes Einzelschriften 23)

SEGL, R.: Die Pythagorasrede im 15. Buch von Ovids Metamorphosen. Diss. Salzburg 1970

SPAHLINGER, L.: Ars latet arte sua. Untersuchungen zur Poetologie der Metamorphosen Ovids. Stuttgart–Leipzig 1996 (Beiträge zur Altertumskunde 83)

VOIT, L.: Caesars Apotheose in der Darstellung Ovids. In: Festschrift K. Bayer, München 1985, S. 49–56

VOIT, L.: Die geteilte Welt. In: Gymn. 94, 1987, S. 498–524

11. Zu den Fasten

ALBRECHT, M. VON: Zur Funktion der Tempora in Ovids elegischer Erzählung. In: Ovid WdF, S. 451–467

ALTHEIM, F.: Der Fall Ovid. In: Römische Religionsgeschichte II. Baden-Baden 1953, S. 254–262

Bömer, F.: Interpretationen zu den Fasti des Ovid. In: Gymn. 64, 1957, S. 112 bis 135

Bömer, F.: Wie ist Augustus mit Vesta verwandt? Zu Fast. III 425f u. IV 949f. In: Gymn. 94, 1987, S. 525–528

Braun, L.: Die Kompositionskunst in Ovids Fasti, in: ANRW Bd. II 31,4, 1981, S. 2344–2383

D'Elia, S.: Die Ironie in Ovids Fasten. In: Ovid WdF, S. 438–450

Fauth, W.: Römische Religion im Spiegel der ‹Fasti› des Ovid. In: ANRW Bd. II 16,1, 1978, S. 104–186

Gladigow, B.: Ovids Rechtfertigung der blutigen Opfer. Interpretationen zu Ovid, fasti I 335–456. In: AU XIV/3, 1971, S. 5–23

Heinze, R.: Ovids elegische Erzählung. In: Ders., Vom Geist des Römertums, Darmstadt 1960, S. 308–403 [auch zu Met.]

Korzeniewski, D.: Ovids elegisches Prooemium. In: Hermes 93, 1964, S. 182–213

Le Bonniec, H.: État présent des Études sur les Fastes d'Ovide. In: Acta..., hg. von N. Barbu u. a., Bukarest 1976, S. 407–427

Lieberg, G.: Juno bei Ovid. Ein Beitrag zu Fasten 6, 1–100. In: Latomus 28, 1969, S. 923–947

Pfligersdorfer, G.: Ovidius Empedocleus. Zu Ovids Janus-Deutung. In: Grazer Beiträge 1, 1973, S. 177–209

Riedl, R.: Mars Ultor in Ovids Fasten. Amsterdam 1988 (Heuremata 10)

12. Zu Ovids Verbannung

Barbu, N. I.: Ovid und sein Verbannungsort Tomis. In: Das Altertum 21, 1975, S. 22–26

Carcopino, J.: L'exil d'Ovide. In: Ders., Rencontres de l'histoire et de la littérature romaines. Paris 1963, S. 59–170

Corsaro, F.: Sulla relegatio di Ovidio. In: Orpheus 15, 1968, S. 123–167

Doblhofer, E.: Exil und Emigration. Das Erlebnis der Heimatferne in der römischen Literatur. Darmstadt 1987 (Impulse der Forschung Bd. 51)

Lascu, N.: Der Dichter Ovid. Sein Werk und sein Leben in der Verbannung in Tomis. Constanţa 1973

Lewick, B.: The fall of Julia the Younger. In: Latomus 35, 1976, S. 301–339

Meise, E.: Untersuchungen zur Geschichte der Julisch-Claudischen Dynastie. München 1969 [S. 223–235: Die Verbannung Ovids]

Norwood, F.: The Riddle of Ovid's «Relegatio». In: Class. Phil. 58, 1963, S. 150–163

Radulescu, A.: L'Île d'Ovide, légendes et réalités. In Acta..., hg. von N. Barbu u. a. Bukarest 1976, S. 521–529

Rogers, R. S.: The Emperor's displeasure and Ovid. In: TAPA 97, 1966, S. 373–378

Thibault, J. C.: The mystery of Ovid's exile. Berkeley/Los Angeles 1964

Verdière, R. (Hg.): Le secret du voltigeur d'amour ou le mystère de la relégation d'Ovide. Brüssel 1992 (Coll. Latomus 218)

Zimmermann, R. Chr. W.: Die Ursachen von Ovids Verbannung. In: Rhein. Museum 81, 1932, S. 263–274

13. Zu den Exilgedichten

BENEDUM, J.: Studien zur Dichtkunst des späten Ovid. Diss. Gießen 1967

BERNHARDT, U.: Die Funktion der Kataloge in Ovids Exilpoesie. Hildesheim u. a. 1986 (Altertumswiss. Texte und Studien 15)

BURNIKEL, W.: Ergo mutetur scripti sententia nostri – Ep. Ex Ponto III 7, ein Wendepunkt in Ovids Exilliteratur? In: Palingenesia 30, 1990, S. 147–164

BESSLICH, S.: Ovids Winter in Tomis (zu Trist. III 10). In: Gymn. 79, 1972, S. 177–191

BRETZIGHEIMER, G.: Exul ludens. Zur Rolle von relegans und relegatus in Ovids Tristien. In: Gymn. 98, 1991, S. 39–76

CLAASSEN, J.-M.: Poeta, exul, vates: A stylistic and literary analysis of Ovid's «Tristia» and «Epistulae ex Ponto». Diss. Stellenbosch/Ann Arbor (Mich.) 1986

DICKINSON, R. J.: The Tristia: Poetry in exile. In: J. W. BINNS (Hg.): Ovid. London/Boston 1973, S. 154–190

DOBLHOFER, E.: Ovids Spiel mit Zweifel und Verzweiflung. In: Würzburger Jahrbücher N. F. Bd. 4, 1978, S. 121–141

DOBLHOFER, E.: Exil und Emigration. Zum Erlebnis der Heimatferne in der römischen Literatur. Darmstadt 1987 (Impulse der Forschung Bd. 51)

DRUCKER, M.: Der verbannte Dichter und der Kaiser-Gott. Studien zu Ovids späten Elegien. Diss. Heidelberg 1977

EHLERS, W. W.: Poet und Exil. Zum Verständnis der Exildichtung Ovids. In: A & A 34, 1988, S. 144–157

EVANS, H. B.: Ovid's Apology for Ex Ponto 1–3. In: Hermes 104, 1976, S. 103–112

EVANS, H. B.: Publica carmina. Ovid's Books from Exile. Lincoln (Nebrasca Univ.)/London 1983

FROESCH, H.: Ovids Epistulae ex Ponto I–III als Gedichtsammlung. Diss. Bonn 1968

FROESCH, H.: Ovid als Dichter des Exils. Bonn 1976

FROESCH, H.: Exul poeta. Ovid als Chorführer verbannter oder geflohener Autoren. In: Lateinische Literatur, heute wirkend. Hg. von H.-J. GLÜCKLICH, Bd. I, Göttingen 1987, S. 51–64

FUCHS, H.: Ovid in der Besinnung auf Cicero. In: Mus. Helv. 26, 1969, S. 159 bis 160

GANDEVA, R.: Zur Beurteilung von Ovids Gedichten aus der Verbannung. In: Klio 51, 1969, S. 267–276

KENNEY, E. J.: Ovids Exildichtung. In: WdF Ovid, S. 513–535

MARG, W.: Zur Behandlung des Augustus in den «Tristien» Ovids. In: Ovid WdF, S. 502–512

NAGEL, W.: Neue psychologische Erkenntnisse und antike Dichtung. Versuch einer modernen Interpretation von Ovids Trist. IV 10. In: Anregung 26, 1980, S. 372–375

NAGLE, B.: The Poetics of Exile. Program and Polemic in the ‹Tristia› and ‹Epistulae ex Ponto›. Brüssel 1980 (Coll. Latomus Bd. 170)

NICOLAI, W.: Phantasie und Wirklichkeit bei Ovid. In: Antike und Abendland 19, 1973, S. 107–116 [auch zu den anderen Werken]

PODOSSINOV, A.: Ovids Dichtung als Quelle für die Geschichte des Schwarzmeergebiets. Konstanz 1987 (Xenia 19)

Posch, S.: P. Ovidius Naso, Tristia I. Interpretationen. Bd. I: Die Elegien 1–4. Innsbruck 1983 (Comm. Aenipont. 28)

Rahn, H.: Ovids elegische Epistel. In: Ovid WdF, S. 476–501

Rüsing, Th.: Das «Begnadigungsgesuch» des Ovid an Augustus. Diss. Freiburg 1957

Schubert, W.: Zu Ovid, Trist. 3,9. In: Gymn. 97, 1990, S. 154–164

Stroh, W.: Tröstende Musen: Zur literarhistorischen Stellung und Bedeutung von Ovids Exilgedichten. In: ANRW Bd. II 31,4, 1981, S. 2638–2684

Wiedemann, Th.: The political background to Ovid's Tristia 2. In: Class. Quart. N. S. 25, 1975, S. 264–271

Willige, W.: Ovidius Relegatus. In: AU XII/3, 1969, S. 51–72

14. Zu Ovids Nachleben

Albrecht, M. von: Der verbannte Ovid und die Einsamkeit des Dichters im frühen 19. Jahrhundert. Zum Selbstverständnis F. Grillparzers und A. S. Puschkins. In: Arcadia 6, 1971, S. 16–43 – Auch in: Ders.: Rom, Spiegel Europas. Heidelberg 1988, S. 433–469

Froesch, H.: Ovid als Dichter des Exils. Bonn 1976 [Kap. IV, S. 115–145]

Glei, R. F.: Ovid in den Zeiten der Postmoderne. Bemerkungen zu Christoph Ransmayrs Roman «Die letzte Welt». In: Poetica 26, 1994, S. 409–427

Lascu, N.: Ovidio nella tradizione e nella letteratura romena fino alle recenti celebrazioni ovidiane in Romania. In: Maia 17, 1965, S. 177–188

Martindale, Chr.: Ovid renewed. Ovidian influences on literature and art from the Middle ages to the twentieth century. Cambridge 1988

Moog-Grünewald, M.: Metamorphose der Metamorphosen. Rezeptionsarten der ovidischen Verwandlungsgeschichten in Italien und Frankreich im 16. und 17. Jahrhundert. Heidelberg 1980

Munari, F.: Ovid im Mittelalter. Zürich 1960

Nino, A. de: Ovidio nella tradizione popolare di Sulmona. Casalbordino 1886

Pansa, G.: Ovidio nel medievo e nella tradizione popolare. Sulmona 1924

Papponetti, G./Ghisetti Giavarina, A.: Ovidio a stampa. Mostra bibliografica dalle raccolte sulmonesi. Sulmona 1989

Rand, E. K.: Ovid and his influence. Boston 1925/New York 1963

Schmitt-von Mühlenfels, F.: Pyramus und Thisbe. Rezeptionstypen eines Ovidischen Stoffes in Literatur, Kunst und Musik. Heidelberg 1972

Smolak, K.: Der verbannte Dichter. Identifizierungen mit Ovid im Mittelalter und Neuzeit. In: Wiener Studien NF 14 (93. Bd.) 1980, S. 158–191

Stackmann, K.: Ovid im Mittelalter. In: Arcadia 1, 1966, S. 231–254

Stroh, W.: Ovid im Urteil der Nachwelt. Eine Testimoniensammlung. Darmstadt 1969

Walter, H. / Horn, H.-J.: (Hg.): Die Rezeption der «Metamorphosen» des Ovid in der Neuzeit: Der antike Mythos in Text und Bild. Berlin 1995

Wilkinson, L. P.: Ovid recalled: Epilog. In: Ovid WdF, S. 581–587

15. Neuere fiktionale Darstellungen Ovids

ALECSANDRI, V.: Ovidiu. Bukarest 1885 (Drama)

BOCHEŃSKI, J.: Nazo poeta. Warschau 1969 – Dt.: Der Täter heißt Ovid. Wien 1975 (Roman)

EBERSBACH, V.: Der Verbannte von Tomi. Berlin 1984 (histor. Erzählung)

FISCHER, E.: Elegien aus dem Nachlaß des Ovid, mit Sammlung eigener Elegien. Leipzig 1963

HORIA, V.: Dieu est né en exil. Paris 1959 – Dt.: Gott ist im Exil geboren. Wien/Berlin/Stuttgart 1961 (Roman)

LANGE, H.: Staschek oder Das Leben des Ovid. Reinbek 1973 (Drama)

MALOUF, D.: An imaginary life. London 1978 – Dt.: Das Wolfskind. Nördlingen 1987 (Roman)

NASO, E. VON: Ovid. Liebe war sein Schicksal. Hamburg 1958 (Roman)

RANSMAYR, CHR.: Die letzte Welt. Nördlingen 1988 (Roman)

Namenregister

Die kursiv gesetzten Zahlen bezeichnen die Abbildungen

Über die Autorin

Dr. Marion Giebel, geboren 1939 in Frankfurt am Main, Studium der Klassischen Philologie und Germanistik, 1965 Promotion über Homer (M. Müller, «Athene als göttliche Helferin in der Odyssee. Untersuchungen zur epischen Aristie», Heidelberg 1966). Anschließend Verlagstätigkeit. Als Verlagslektorin Herausgabe antiker und deutscher Literatur. Dann freiberufliche Tätigkeit als Autorin, Übersetzerin und Herausgeberin. Zweisprachige erläuterte Ausgaben, darunter mehrere Cicero-Reden, Briefe Ciceros, Quintilian, Sueton, Augustus, Plutarch, Livius, Plinius, Velleius Paterculus. Autorin von «Das Geheimnis der Mysterien. Antike Kulte in Rom, Griechenland und Ägypten» (1990, Taschenbuch 1993), «Treffpunkt Tusculum. Literarischer Reiseführer durch das römische Italien» (1995) sowie der Rowohlt-Monographien «Cicero», «Sappho», «Augustus», «Vergil», «Seneca». Regelmäßig Rundfunksendungen sowie Volkshochschultätigkeit. Lebt bei München.

Quellennachweis der Abbildungen

Giuseppe Papponetti, Sulmona: 6 / Eva Haidle, Pullach: 8, 13, 17, 97, 127, 131 / Gregor Giebel: 10 / Deutsches Archäologisches Institut, Rom: 11, 26, 38, 40, 66 / Hartwig Koppermann: 12, 106 / Hirmer Fotoarchiv, München: 16, 18, 30, 33, 55, 93, 99 / Aus: Richard Seider: Römische Malerei. Königstein/T. 1968 (Die Blauen Bücher): 21 / Aus: Walter Dräyer: Pompeji. München 1974: 24 / Bildarchiv Foto Marburg: 27, 54 / Antikenmuseum, Staatliche Museen Preußischer Kulturbesitz, Berlin: 35 (Foto: Jutta Tietz-Glagow) / Germanisches Nationalmuseum, Nürnberg: 41 / Forschungszentrum Griechisch-Römisches Ägypten der Universität Trier (Negativ DAI Kairo, Foto: Dieter Johannes): 43 / Archiv für Kunst und Geschichte, Berlin: 46, 53, 68, 88/89, 90, 122, 128 / Landesmuseum Trier: 48 / Bayerische Verwaltung der Staatlichen Schlösser, Gärten und Seen (Fotos: Peter Grau, Pullach): 52, 72, 79, 81, 82, 85, 102/103 / Staatliche Kunstsammlungen Kassel, Gemäldegalerie Alte Meister: 58, 60, 61 / Staatliche Kunstsammlungen Dresden, Gemäldegalerie Alte Meister: 62 / VG Bild-Kunst, Bonn, 1991: 64, 74, 76 (*1, Demart pro arte B. V.) / Rowohlt Archiv: 77 / Stadtbibliothek Mainz: 87 / Brigitte Schneider, Gauting: 91 / Gerhard-Marcks-Stiftung, Bremen: 94 / Römisch Germanisches Museum, Köln (Foto: Rheinisches Bildarchiv, Köln): 98 / Gunter Giebel: 105 / Helga Ruppert-Tribian, Frankfurt a. M.: 110 / National Gallery, London: 112 / Gerhard Stawa, Pullach: 113, 115, 117, 118 / Museum der Bildenden Künste zu Leipzig: 130 / Hannes Kilian, Wäschenbeuren: 132